命の灯を消さないで

死刑囚からあなたへ

死刑廃止国際条約の批准を求めるフォーラム90編

インパクト出版会

死刑囚を知ることからすべてが始まる　福島みずほ……………5
刊行にあたって………………………………………………………9

死刑囚からあなたへ

尾田信夫	福岡拘置所	……14
奥西勝	名古屋拘置所	……17
大道寺将司	東京拘置所	……18
益永利明	東京拘置所	……18
浜田武重	福岡拘置所	……19
渡辺清	大阪拘置所	……20
石田富蔵	東京拘置所	……20
藤井政安	東京拘置所	……21
宇治川正	東京拘置所	……22
金川一	福岡拘置所	……23
荒井政男	東京拘置所	……23
佐々木哲也	東京拘置所	……24
坂口弘	東京拘置所	……25
澤地和夫	2007年12月16日獄死	……26
牧野正	2009年1月29日死刑執行	……28
猪熊武夫	東京拘置所	……28
山野静二郎	大阪拘置所	……29
大城英明	福岡拘置所	……30
神宮雅晴	大阪拘置所	……30
松本美佐雄	東京拘置所	……31
高田和三郎	東京拘置所	……31
松井喜代司	東京拘置所	……34
松本健次	大阪拘置所	……35
萬谷義幸	2008年9月11日死刑執行	……35
陳代偉	東京拘置所	……36

何　力	東京拘置所	38
横田謙二	東京拘置所	40
黄奕善	東京拘置所	40
石橋栄治	東京拘置所	45
岡﨑茂男	東京拘置所	46
迫康裕	仙台拘置所	46
熊谷昭孝	仙台拘置所	48
岡本啓三	大阪拘置所	49
間中博巳	東京拘置所	52
宮前一明	東京拘置所	53
西川正勝	大阪拘置所	54
鎌田安利	大阪拘置所	55
上田宜範	大阪拘置所	55
田中毅彦	大阪拘置所	56
山口益生	名古屋拘置所	57
向井義己	名古屋拘置所	58
山本峰照	2008年9月11日死刑執行	61
高橋和利	東京拘置所	62
川村幸也	2009年1月29日死刑執行	63
佐藤哲也	2009年1月29日死刑執行	68
中山進	大阪拘置所	69
陳徳通	東京拘置所	70
江東恒	大阪拘置所	72
久間三千年	2008年10月28日死刑執行	73
石川恵子	福岡拘置所	76
小林薫	大阪拘置所	78
長勝久	東京拘置所	79
高橋義博	東京拘置所	80
朴日光	2009年1月4日獄死	81

西本正二郎	2009年1月29日死刑執行	82
松本和弘	名古屋拘置所	86
松本昭弘	名古屋拘置所	87
松田康敏	名古屋拘置所	87
篠澤一男	東京拘置所	88
加納恵喜	名古屋拘置所	89
小林光弘	仙台拘置所	90
中原澄男	福岡拘置所	91
前上博	大阪拘置所	92
尾形英紀	東京拘置所	92
小田島鐵男	東京拘置所	96
庄子幸一	東京拘置所	98
服部純也	東京拘置所	99
長谷川静央	東京拘置所	99
松村恭造	大阪拘置所	100
八木茂	東京拘置所	104
匿名男性A		105
匿名男性B		105
匿名男性C		115
匿名男性D		116
匿名男性E		118
匿名男性F		118

重い病でアンケートに回答を寄せられなかった方の近況
　　袴田巖さん　19、永田洋子さん　24、麻原彰晃さん　78

この本が生まれるまで──死刑囚アンケート経過報告……120
死刑確定者のおかれている状況──アンケートから……124
激増する死刑執行について……130
　資料　「死刑廃止国際条約の批准を求めるフォーラム90」賛同人になってください……135
　　　　死刑廃止のための大道寺幸子基金について……138

死刑囚を知ることからすべてが始まる

参議院議員・福島みずほ

　死刑確定囚が、今、なにを考えているのか、どういう状況なのか、ほとんど知られていません。私自身、えん罪を主張し、がんばっている元プロボクサーの死刑確定者、袴田巌さんに面会をしたいと思っていますが、ご本人の拘禁症の悪化が進み、限られた人たちしか面会ができていません。一体どういう状況なのか心配です。再審請求を闘い、袴田さんと面会ができている袴田さんのおねえさん、秀子さんとは、何度もお会いしていますが、彼女ももちろん袴田さんの病状を心配しています。

　日本は、死刑制度を持ち、死刑の執行もしているにもかかわらず、死刑や死刑確定囚の状況は、ほとんどわからない、あるいは知られていない状況です。

　私は、1998年に国会議員になりましたが、当時法務省は、死刑の執行そのものの情報開示すらしていませんでした。報道をしていなかったのです。

　しかし、法務省とおぼしき黒い車が東京拘置所に来ていたという目撃情報や様々な情報から、死刑があったのではと気づき、法務省に問い合わせるということをしていました。国会が閉会中の年末など、議員やマスコミが動きにくいときに多くなされていました。今は、そのことすらもなくなり、執行された死刑囚の氏名と罪状について、法務省は発表するようになりました。

　しかし、多くはベールに包まれたままで、死刑確定囚の人たちの肉声はなかなか外へ出てきていません。

　かつては、死刑確定囚にも執行の日を事前に告知をしていました。しかし、自殺をした人がいて、事前告知はなくなりました。また、面会や文通できる人は、限られています。

　私の知り合いに、愛知県に住む原田正治さんという人がいます。弟を殺された被害者遺族の方ですが、弟を殺した死刑囚から何度も手紙を貰いました。原田さんは長い間、開封する気にもなれなかったのですが、あるとき手紙を

読み、会いたいと思い、面会を重ねました。それは確定後も面会ができたのでしたが、95年8月以降は名古屋拘置所側は面会を拒否したのです。そして2001年12月27日に、死刑が執行されました。

　私は、なぜ被害者の遺族が面会を求めたのに、途中から会わせなくしたのかと、つくづく思います。お互いに知りたかったことがまだまだあったはずなのに、なぜ二人の真ん中を壁で遮断し、面会をさせないのでしょうか。

　日本の死刑制度のあり方の問題で大きなことは、「密行性」だと思います。「一体どういう状況なの？」ということを知ることがとてつもなく難しいのです。原田さんは、被害者の遺族で、原田さん自身が面会を求め続けたのに、拘置所側が途中から会わせなかったのです。

　「知られていない」「ほとんど知ることができない」というのが大きな問題です。

　わたしは『福島みずほの刑務所の話』(現代人文社)という本を2003年に出したことがあります。国会のなかで、刑務所の問題に取り組んできました。刑務所のなかでも問題がなかなか知られていないことを痛感していました。その後、名古屋刑務所事件などをきっかけに、刑務所のなかでの処遇の問題が、大きな社会問題となり、2006年、100年前から続いた「監獄法」が改正され、「刑事収容施設及び被収容者等の処遇に関する法律」になりました。少しずつ少しずつ刑務所のなかは変わっています。しかし、死刑確定囚のことは、まだまだ「密行性」のなか、「壁の向こう」の話で、知られていませんし、交流も極めて困難です。

　死刑確定囚の人たちとの手紙のやり取りも極めて困難で、一般的には、不可能なので、国会議員を通じて、国政調査権を使ってのアンケート調査を行いました。

　105名の死刑確定者に送り、77名から回答と、今年1月1名からメッセージをいただきました。回答をした後、死刑を執行された人もいて、手紙を読むのは正直辛いところもありました。

　2009年からは、裁判員制度が始まる予定です。すべての有権者が、死刑に向き合う可能性があります。この日本の社会に死刑制度があり、この死刑制度は、とりもなおさず、主権者である人たちが支える政治のなかで、制度として存置し続けているのですから、主権者である国民は、もっともっと考えてほしいと思います。裁判員制度が始まれば、否応なく個々人は、判断を迫

られます。そのときに、刑務所や死刑のことをほとんどの人が知らないことは、大きな問題だと思います。

　知ることからすべてが始まる。そう思います。

　この死刑確定囚の人たちの手紙が、知ることの第一歩になればと大きな期待をしています。

　ところで、私は、司法修習生になったときは、死刑について漠然とした考え方しかありませんでした。大学生のときは、おそらく「死刑制度があっても仕方ないかなあ」と思っていたのではないでしょうか。

　弁護士として、多くのえん罪事件にあってきました。えん罪が認められ、死刑台からの生還をした人は、日本には４人います。もっとえん罪はあると思います。現在、再審請求中の事件もあります。

　ヨーロッパでは、死刑を廃止・停止しています。ヨーロッパ評議会（ヨーロッパの国会）にはいる国は、死刑を廃止・停止していなければなりません。トルコもロシアも停止しています。ヨーロッパ評議会の本会議で、一日死刑のことを議論するときに、評議会に、日本の国会議員としてオブザーバー参加をしました。このヨーロッパ評議会に、オブザーバーの地位を持っている国は五つです。バチカン、カナダ、メキシコ、アメリカ合衆国、そして日本です。この五つの国で、死刑を存置しているのは、アメリカのいくつかの州と日本だけです。アメリカで死刑確定囚になっていたが、ＤＮＡ鑑定の結果無罪が明らかとなり、死刑の執行を免れた人にも会ったことがあります。えん罪の可能性が否定できない以上、死刑は極めて問題です。

　また、私は、「白バラの祈り」などのドイツの映画を見ました。ミュンヘン大学で、「戦争反対」のチラシをまいたことなどで、国家反逆罪に問われ、ナチス・ドイツのもと、あっという間に、死刑に処せられる若者たちの映画です。国家が人の命を奪うことができるということに打ちのめされました。ヨーロッパで、つい六〇数年前のことです。国家であっても人の命は奪えないとしておかないと大変なことが起きると痛切に思いました。

　また、死刑を肯定する考え方のなかには、「どうしようもない奴だ」「更生なんてあり得ないから死ね」といった、人間に対するあきらめがあるのではないでしょうか。失敗した人間に対するあきらめです。

　人が人を殺すのは、最悪のことです。弁解も言い訳も聞きたくないという気持も理解できます。しかし、時計の針を元に戻せないのだとしたら、未来

に向かうほかありません。死刑を執行して、人を殺して、何が得られるのかという気がします。
　この本が、何かに光をあてることにつながればと、心から思います。

（2009年3月1日）

刊行にあたって

　2006年の長勢甚遠元法務大臣の死刑執行に始まった大量処刑の流れは、鳩山邦夫元法務大臣の「ベルトコンベア発言」で加速度をつけて現在に至っている。私たち「死刑廃止国際条約の批准を求めるフォーラム90」はその名の通り、1989年に国連が採択した死刑廃止条約の批准を求めて20年近く活動してきた。その間に、これ程の連続的な大量の死刑執行の日々がくることを、想像した人間がいたであろうか。1991年から1993年の３年間は、日本に死刑執行はなかった。しかしここ数年で、確定死刑囚は100人を超え、死刑執行は２ヵ月に一度ずつ行なわれるようになった。どうしてこのようになったのか、その要因はいくつも考えられるだろう。実体を伴わない体感治安といわれるものの悪化、過剰な事件報道と被害者感情を絶対善のように扱うメディア、格差社会が生み出している現実のひずみ等々。死刑求刑、死刑判決、死刑執行を声高に言うことで、現実にある社会の矛盾から人々の目を背けさせ、犯罪者個人にその責任のすべてを押し付けようとしているかのようだ。
　世界では７割以上の国と地域が、法律上または実質的に死刑を廃止している。2007年に死刑執行をした国は世界で24ヵ国に過ぎない。なぜか日本はこれらの流れに必死に逆らって、死刑を存置し処刑を急いでいるようにしかみえない。その事にいったいどんな意味があるというのか。意味があるかどうか、その事をここでは問わない。しかし、そこには大きな欠落点があることは間違いない。それは、処刑されるのは、私たちと同じ人間であるということだ。死刑執行というのは人が人を無理矢理に殺すことだ。それは紛れもなく殺人であり、元来この社会では許されるはずのないことだ。死刑囚も人間として、生きとし生きていることにまちがいはないのだ。
　10月10日は世界死刑廃止デーであり、私たちはそれを記念して毎年集会やコンサートを催している。2008年10月の集会（註1）では、「死刑囚からあなたへ」と題して、確定死刑囚からのメッセージを読むこととした。死刑囚ひとりひとりの生の声を伝えることこそが、今大事であり必要なのだとして企画された。７月に確定死刑囚105人（当時）へアンケートを送り、彼らが今一番訴えたいことを書いてもらうこととした。家族らを通じてアンケートを送り、家族や支援者のいない人には参議院議員の福島みずほ事務所を通じて送付し

た(註2)。返ってきたアンケートは77通であった。その中には、77通りの死刑囚の思いがこもっていた。アンケート用紙だけでは足りず、便箋に何枚も書いてきた人もあった。なかには27枚もの便箋にいっぱいの思いを書いてきた人もいた。写真や絵を一緒に送ってくれた人もあった。簡単にアンケートに答えただけの人もいたが、そこにはその人の思いがあった。集会では、舞台中央に死刑囚が書いた手紙や絵が映し出され、それに合わせて死刑囚のメッセージが読まれた。この死刑囚アンケートの集計も紹介された。再審請求中の人が43人、その中には全くの冤罪であるという主張の人もある。面会も文通も全くない人が3人、面会がないという人が14人いた。死刑囚の年齢は最年少が27歳、最高齢は右半身不随の86歳の人である。また心理的ストレスがあり、自由に歩くこともできず一日中坐ってなくてはいけないために、腰痛や糖尿病、高血圧の人が20人に達している。アンケート結果からは拘置所の過酷な処遇が見えてきた。(124頁参照)

メッセージの紹介の途中に舞台で、2006年12月25日クリスマスの日に車椅子のまま処刑された藤波芳夫さんの処刑場面が再現された。車椅子に乗った死刑囚の男の顔に白い布が被せられ、刑務官に両脇を抱えられ足を宙吊りにされ、首に縄が掛けられた。そして奈落へ投げられた。75歳のキリスト教徒藤波さんの処刑は、このように惨いものであった。しかし同時に朗読された彼の最期のメッセージ(註3)は、刑務官などの現場の人へは決して抗議しないことを要望し、法務大臣にこそ執行場面に立ち会って欲しいというものであった。

現実の確定死刑囚からのメッセージを発表したこの試みは、多くのメディアの関心を呼び、朝日新聞、東京新聞、共同通信などがこの集会内容を事前に記事と

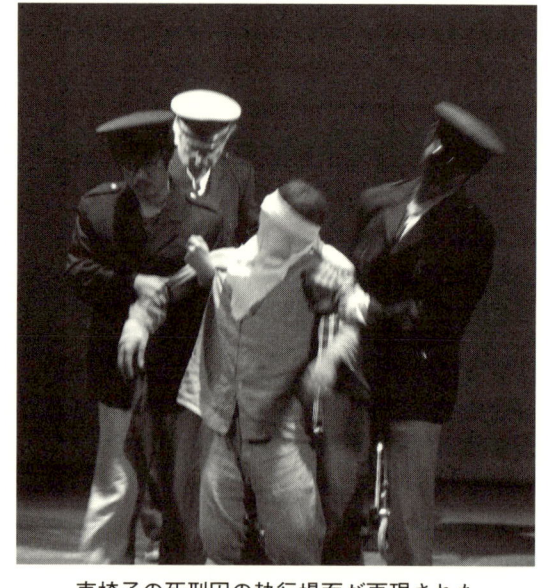

車椅子の死刑囚の執行場面が再現された

した。当日はNHKなどのテレビ取材もあり、300人の会場は立錐の余地なく満員となった。死刑囚という日常では見えていない、しかし確実に存在するその人たちの発言は、多くの人々の関心を集めたのだ。この本は、これらの確定死刑囚の返事や手紙を編集したものである。10月の発表当日は時間的制約があり、それぞれの一部しか読むことができなかった。この本では、確定死刑囚から送られてきた文章を、できる限りそのまま載せることとした。ただし編集部の判断で一部割愛した部分があることをお断りする。また、この1月29日に名古屋拘置所で処刑された川村幸也さんからの手紙を新たに加えた。川村さんの手紙は「アンケートへの返事は出さなかったが、その後自分の想いや気持ちを知ってもらい少しでも何かの役に立てば」という趣旨で送られてきたものだ。彼は「処刑を受け入れなければいけない」という気持ちと、「せめて自分の子どもが大人になるまでは生きたい」という強い祈りのような気持ちの中でせめぎ合っていた。贖罪の意識と、生きたいという誰でも持つ欲求の狭間で翻弄されていたのだ。その彼は処刑されて、もうこの世にはいない。この処刑でいったい誰が救われたというのだろうか。彼の死は、いったいどのように社会に還元されているのだろうか。

　5月から裁判員制度が始まる。あらゆる人が死刑と向き合う可能性がでてきた。この確定死刑囚のメッセージはひとりでも多くの人に読んでもらいたい。死刑囚は日々何を想い、何を考え、どうしたいと思っているのかを少しでも知ってもらえればと考える。死刑囚は確かに犯罪者ではある（冤罪でなければ）が、われわれと同じ人間であることを、いま一度ここで確認してもらえればと、切に願う。

（2009年2月記　文責・可知亮）

（註1）10月11日（土）新宿区角筈区民ホールで「響かせあおう死刑廃止の声2008　死刑囚からあなたへ」と題して、第1部は田鎖麻衣子弁護士からの日本と世界をめぐる死刑を取り巻く状況の報告、第2部は死刑廃止のための大道寺幸子基金の発表とシンポジウム、第3部が「死刑囚からあなたへ」。3部の朗読劇は、山田美佳、中田春介、榎本純朗、栗須慎一郎さんという4人の役者が演じた。
（註2）死刑確定者と外部交通権を持つ方から獄中に送られたアンケート用紙は、東京拘置所では差入れを拒否、大阪拘置所では差入れはされたものの、アンケートの発信は拒否された。
（註3）藤波芳夫さんの遺書は『あなたも死刑判決を書かされる　年報死刑廃止2007』に全文掲載されている。

105人の死刑確定者へ送ったアンケート用紙

10.11集会企画「死刑囚からあなたへ」ご協力のお願い

次の質問に、ご自分で分かることを差し支えのない範囲で、お答えください。この用紙の裏や、通常使用している便箋でご回答いただいてもかまいません。

今、一番訴えたいことをお書きください。どなたか特定の人にあてた文章やイラストなどでもけっこうです。集会で紹介します。ただし、時間の制約で、長い文章は200字程度に割愛して読ませていただく場合があります。

―― アンケート ――

生年月日　　　　　　　　　　年　　月　　日
最高裁判決　　　　　　　　　年　　月　　日
または控訴・上告を取り下げた日　年　月　日
　その理由
　（　　　　　　　　　　　　　）
弁護人について
　一審（　　　　　　　　国選・私選）
　二審（　　　　　　　　国選・私選）
　最高裁（　　　　　　　国選・私選）
　確定後（　　　　　　　　　　　）
再審請求について
　している（　年　月　日　第　次再審申立）
　していない・今後する予定
　以前していた（　　年　月
　　　裁判所により第　　次再審請求棄却）
恩赦出願について
　している（　　年　月　日出願）
　・していない・今後する予定
　以前していた（　年　　月却下）・
請願作業について
　している・していない

教誨について
　受けている（宗教　　　　）・受けていない
健康状態について
　定期的な治療を受けている
　　（病名　　　　　　　　　）
　定期的な投薬を受けている
　　（薬品名　　　　　　　　）
　今後診察を受けたい
　　（不安なこと　　　　　　）
外部交通について
　面会　ある（　　　　　　　）・ない
　文通　ある（　　　　　　　）・ない

獄中生活で、一番楽しいこと、うれしいことはなんですか。
　（　　　　　　　　　　　　　　　　　）
獄中生活で、一番苦しいこと、つらいことはなんですか。
　（　　　　　　　　　　　　　　　　　）
新法施行に伴う昨年6月からの処遇の変化で、よくなったことはありますか。
　（　　　　　　　　　　　　　　　　　）
処遇の変化で悪くなったことはありますか。
　（　　　　　　　　　　　　　　　　　）

ご自身の写真があればお貸しください。集会のときに映写機で投影させていただきたいと思います。

ご協力ありがとうございました。記入していただいたご回答は、フォーラム90の責任において厳重に管理し、目的外に利用しないことをお約束します。

アンケートに添付した手紙

死刑確定者のみなさまへ

死刑廃止国際条約の批准を求めるフォーラム90
〒107-0052 東京都港区赤坂2-14-13
港合同法律事務所気付

2008年7月

　死刑確定者のみなさま。2007年12月以降、2カ月に一回死刑の執行が行われ、わずか半年で13名が執行されるという時代に私たちはいます。
　死刑囚のいのちを機械的に絶っていく法務大臣のうしろには、死刑執行を支持する多くの市民がいます。そしてその市民には、死刑囚が、自分たちと同じような普通の生きている人間であることが見えてはいないのです。死刑を支持する多くの市民に、死刑囚一人一人には親がいて、あるいは兄弟や連れ合いや子どもが、そして友人知人がいて、人を愛し、人を憎み、それぞれがそれぞれの自分の人生を生きてきたこと、自分たちと同じ生身の人間であることが伝われば、簡単に人を死刑にするなんて言えなくなると思うのです。

　私たちは死刑制度を廃止したいと心から願っています。これまでそのためにさまざまな活動をしてきました。そしていま、死刑確定者からの声を、一般市民に伝えていく集会を考えています。それは死刑確定者を身近に感じて欲しいからです。
　100名を超える死刑確定者の方から、いまいちばん伝えたいことを書いて送っていただき、今年、10月11日に行う集会で、朗読したりスライドで映写したりして伝えていこうと思っています。事件のこと、裁判のこと、被害者のこと、愛する人のこと、事件を報じたメディアについて、判決について。なんでも思っておられることを書いていただけたらと思います。書かれたものはこの集会に限らず、死刑廃止のために活用できればと思っています。

　文章でも絵でもいい、なんでも自由に、いまおっしゃりたいことを、思っていることを、書いてお送りいただけないでしょうか。
　また、それぞれの方のおかれている状況を私たちは把握しておきたいと思っています。ぜひ、アンケートにもお答え下さい。

　最終締め切りは8月末ですが、なるべく早くお返事を頂ければありがたいです。時間の制約もあり、お送りいただいた全文を発表することはできないかもしれませんが、いちばんおっしゃりたいことをうまく伝える努力は惜しまないつもりです。
　よろしくお願いします。

尾田信夫（62歳　福岡拘置所）

マルヨ無線事件（1966.12.5）
1946年9月19日生まれ
1968年12月24日　福岡地裁にて死刑判決
1970年3月20日　福岡高裁にて死刑判決
1970年11月12日　最高裁にて上告棄却、死刑確定
死因の一つとされる放火を否認して再審請求中。

　事件は1966（昭和41）年12月、福岡市内の電器店で発生しました。原判決の「罪となるべき事実」によると、事件の要旨は、「私（当時20歳）と少年A（当時17歳）が共謀し、電器店に押し入り店員2名を脅迫して金品を奪ったうえ、小型ハンマーで乱打する等の瀕死の重傷を負わせた。さらに、この2名を殺害するべく現場室内で使用中の石油ストーブを蹴倒して放火し逃走した。その結果、同店及び隣接家屋をいずれも半焼させ、店員1名を前記傷害と火災に基づく一酸化炭素中毒により死亡させて殺害したが、他の1名は辛うじて現場から脱出したため、殺害の目的を遂げなかった」という事案です。強盗殺人・同未遂・放火の罪が適用されたところ、3罪は刑法54条1項前段のいわゆる観念的競合・科刑上一罪の関係にあるとされ、犯情のもっとも重い強盗殺人の一罪により死刑を言い渡されたものです。
　しかしながら、私及び少年Aにストーブを倒した事実はなく、また放火した事実もありません。私本人は逮捕直後の取調べで放火を否認していました。しかし、先に逮捕された少年Aが放火を自白していたこと、実況見分や科捜研の鑑定で、ストーブ転倒出火の証明が出ていることなど、捜査官から理詰めの追及を受けて、それに沿う「自白」のやむなきにいたりました。第一審でもあえて放火の否認はしませんでした。情状や精神鑑定での減刑を期待した面もありますが、強情を張ると、有罪部分のみで死刑になることを恐れたからです。実際、そのとおりになりましたが。
　もうひとつの理由は、私自身（当時20歳）の知識の欠如にありました。本件で放火が占める刑事責任の重大さに思いが至らなかったうえ、刑事裁判のこと、殊に公判の冒頭手続で何が行われるのか全くの無知でした。「弁護人」

註・年齢、再審の状況などは2008年10月現在のものです。2009年2月末現在で刑死あるいは病死された方は網をかけました。追記とあるのは、09年2月段階で校正に加筆された部分です。

は、国選を希望する旨回答したにもかかわらず、裁判所からその選任、即ち、国選弁護人の住所・氏名の通知がなく、従って第１回公判前に接見・交通（面会・文通）もありませんでした。つまり、弁護人の法的支援・助言のないままで公判に臨んだことになります。国選弁護人とは、開廷前の数分間、廷内で立ち話をしただけです。初対面でした。その時、氏名すらも聞いておりません（相手が名乗ったかも知れませんが）。因みに、弁護人との接見・交通の有無、及びその年月日は、拘置所の身分帳に記載されており、それによると、私から同弁護人にあてた発信回数は２回（昭43.8.27、昭43.8.31）、受信回数はゼロ、面会回数は１回（昭43.9.3）であったことが判明しております（平成13年８月８日、福岡拘置所庶務課長面接での回答）。それらは第１回公判（昭42.3.10）から実に１年半後、判決直前にやっと実現したことなのです。以上は、記録上、明々白々であり、このほど再審請求弁護団が調査に入りました。間もなく真相が明らかにされるでしょう。

　裁判の中での放火の否認は、控訴審からになります。しかしこの時点でもなお、検察側立証の趣旨である「ストーブ転倒放火」説を前提に、「自白」との関係を維持しながら、これを取り繕い、「故意の否定」ないし「カッとなって蹴倒した」など、あいまいな主張にとどまります。そのため、この主張は控訴審、上告審で一蹴されました。

　昭和45年12月、死刑判決が確定して以降、４回ほど自力で再審請求をするも棄却されました（地裁２回、高裁２回）。本人請求の限界を感じて、昭和51年、日弁連に対し主要な記録を送付して救済の申立をしました。これを受け、日弁連人権委に「特別調査委員会」が設置され、訴訟記録の精査をはじめ、消防局記録の開示請求、事件関係者からの聴取、等々、濃密な調査が実施されました。その結果、放火の有罪を支えていた「自白」、実況見分、科捜研の鑑定等の証拠につき、その正当性に重大な疑いが生じ、かつ、消防局吏員から実験を通じて、「本件ストーブに転倒の形跡がない。火災はストーブの異常燃焼が原因」との驚くべき証言が寄せられました（大隈実験・証言）。第５次再審請求では、弁護団側の大隈実験・証言が一部採用され、「ストーブを足蹴りの方法で転倒させたとする確定判決には合理的な疑いが生じたと言わざるを得ない」（抗告審決定）旨、宣言しました。しかし、科捜研の鑑定書に、ストーブの転倒を示す合金の「痕跡」があることを理由に、確定判決認定とは別の方法、即ち、ストーブを手で持って移動し、転倒させたと推

認し請求を棄却しました。ストーブ転倒の方法・放火の態様を公訴事実及び判決から離れて別の方法にすり替えたと言えます。これが不当であることは言うまでもありません。

　続く、今回の第6次請求では、前回の争点を踏まえ、科捜研鑑定の正当性が問題となりました。弁護団が提出した画像解析鑑定によると、科捜研鑑定の写真上に見る「痕跡」（前出）に工作の疑いがあるうえ、同写真と本文の説明が一致しないことが判明しました。

　そうすると、同鑑定の証明力が減殺するにとどまらず、これと連動する「自白」や実況見分も連鎖的に証明力が減殺することになります。事実関係自体は裁判所もある程度認めており（注・原審は、これを認めながら、なお証明力は減殺しない、として請求を棄却した）、現在、原判決の取り消しと再審開始決定を求めて、福岡高裁に即時抗告中です。

＊

　経過説明が長くなりました。これから本題に入ります。
　この15年の間に、刑法、刑訴法、監獄法…等、刑事諸法は、体系的に大きく変容しました。私の立場から以下の諸制度に注目したいと思います。
　①　被疑者の国選弁護制度
　②　被疑者の可視的取調べ制度（一部の地検でＤＶＤによる録音・録画を試行。警察は反対するも、将来は採用するはず）
　③　公判前整理手続制度
　④　裁判員制度
　⑤　被害者参加制度
　これらの制度が制定された理由は、各種各様です。①ないし③は、冤罪・誤判決の防止を期待でき、④は、国民の常識を裁判に反映するというも、職業裁判官の訴訟指揮と判断に引きずられるのではないかとの不安があり、⑤は、推定無罪の被告人が法的攻防とは別次元で、被害者の感情的非難にさらされるなど、情緒的裁判に陥る危険性があります。
　しかし上記①ないし③の制度（以下「新制度」という）が正しく機能し、当事者が活用すれば、少なくとも自白偏重型の冤罪・誤判決の防止に役立つことはまちがいありません。
　法律制定に当たって、立法者もそのように期待したはずです。
　当然のことながら、新制度の法益は、制定以降の事件の被疑者・被告人が

享受することになります。では、その対象から漏れた者、即ち、既決者の法益はどのように保障し、救済するのか。立法者はそこまで考え及ばなかったようです。これでは、片手落ちとのそしりを免れません。

　再審無罪となった四大死刑事件を持ち出すまでもなく、むしろ既決事件の方にこそ深刻な誤判問題をかかえ、救済を渇望しているのです。前記で経過説明したとおり、私の場合がまさにそれに該当します。そこでは誤判決を裁判所も認めているほどです。新制度のどれかひとつでも採用されていたとすれば、かような誤判決問題は発生しませんでした。他の死刑事件でも、既決者がくちぐちに誤判決を訴え救済を求めております。争点が異なるとは言え、それぞれに理由があります。

　皆様、どうか、これらの主張に耳を傾けてください。そして救いの手を差し延べてください。新制度の制定の背景には「既決事件に冤罪・誤判決があった。今後はこれを許さない」という立法者の強い決意のほどが滲みます。

　そうであれば、既決者にも同等の法益を付与して救済すべきではないでしょうか。但し、実際の問題として、訴訟条件が異なるため、前記の被疑者・被告人が享受すべき法益をそのまま既決者に適用することは不可能です。その代替措置として、

１．再審事由の緩和
１．再審請求者に証拠調べ請求権の付与
１．検察官・警察官に対する未公開証拠の開示の強制
１．誤判決を理由とした恩赦の運用……

等の特別立法が考えられます。

　以上のことをご検討されますよう、立法者、人権派弁護士、学者、そして活動家の皆様に対し、在獄42年の彼方から、強く訴えるものです。

奥西勝（84歳　名古屋拘置所）

名張毒ぶどう酒事件（1961.3.28）
1924年生まれ
1964年12月23日　津地裁にて無罪判決
1969年９月10日　名古屋高裁にて死刑判決
1972年６月15日　最高裁にて上告棄却、死刑確定

2005年4月5日　第7次再審が認められる
2006年12月26日　検察の異議申し立てで再審開始取消決定

　私の事は知って下さると思いますが、ずっとえん罪無実で再審請求を続けています。一審無罪で、再審名古屋高裁一部で再審開始の決定となりましたが、二部で取消しとなり、現在最高裁で戦っています。
　詳しい事を必要でしたら、名張事件えん罪でお世話いただいてます弁護団の方に照会してみて下さい。私は無実です。えん罪でご支援下さいますようお願い申し上げます。

大道寺将司（60歳　東京拘置所）

連続企業爆破事件（1971.12〜75.5）
1948年6月5日生まれ
1979年11月12日　東京地裁（簑原茂広）にて死刑判決
1982年10月29日　東京高裁（内藤丈夫）にて死刑判決
1987年3月24日　最高裁（伊藤正己）にて上告棄却、死刑確定
「共犯」は「超法規的措置」により国外へ。再審請求中。交流誌「キタコブシ」。著書に『明けの星を見つめて』れんが書房新社、84年、『死刑確定中』太田出版、97年、句集に『友へ』ぱる出版、01年、『鴉の目』海曜社、07年がある。

　逆風のなかでの死刑廃止運動の継続は実に心強く、感謝致します。

益永利明（60歳　東京拘置所）

連続企業爆破事件（1971.12〜75.5）
1948年6月1日生まれ
1979年11月12日　東京地裁（簑原茂広）にて死刑判決
1982年10月29日　東京高裁（内藤丈夫）にて死刑判決
1987年3月24日　最高裁（伊藤正己）にて上告棄却、死刑確定
旧姓片岡。再審請求中。交流誌に「ごましお通信」が、著書に『爆弾世代の証言』三一書房、85年がある。

社会全体が寛容さを失い、とげとげしくなるばかりであるのが残念です。不可解な殺人事件の続発と市民の間の復讐感情の高まりはひとつの根から生じているのだと思います。死刑は殺人などの凶悪犯罪を抑止するのではなく、むしろ人心を荒廃させて凶悪犯罪の精神的下地をつくり出しているものであるということを、私は強く訴えたいのです。　　　　　　　　2008年9月3日

浜田武重（81歳　福岡拘置所）

3連続保険金殺人事件（1978.3〜79.5）
1927年3月10日生まれ
1982年3月29日　福岡地裁（秋吉重臣）にて死刑判決
1984年6月19日　福岡高裁（山本茂）にて死刑判決
1988年3月8日　最高裁（伊藤正己）にて上告棄却、死刑確定
3件中2件については無実を主張。再審請求中。

　8月24日まで、オリンピック大会の終了まで、午前9時〜午後9時までテレビを見ておりますので、オリンピック大会が終わってから、後日手紙を出します。
【追記】今は毎週、水・土・日の3日間テレビを見ております。この他は、ラヂオ放送だけです。（2009.2）

【袴田巌さん近況】
　袴田さんは、長年にわたる勾留のため、拘禁症の悪化が進み、1995年からは親族や弁護士との面会を拒否することが多くなり、3年に1回というような細々とした面会が続いていました。2007年には地裁担当の元裁判官、熊本典道氏が「自分は無実の心証をもっていた」という告白をしたり、東日本ボクシング協会が全面的な再審支援を展開し、袴田さんに名誉ライセンスを贈呈したりするなど、マスコミでも、袴田さんの無罪についての世論が形成されつつあります。こうしたなか2006年11月から2007年12月までの1年間に10回あまり面会が実現しました。しかし2007年12月からは再び袴田さん本人が面会を拒むようになり、この10カ月あまり、面会は実現していません。
編集部註・袴田事件は1966年6月に起きた味噌会社一家4人の殺害事件。事件49日後、従業員の元プロボクサー袴田さんが逮捕され長時間にわたる取り調べで「自白」させられたが、1審以降一貫して無実を主張。詳しくは袴田事件弁護団編『はけないズボンで死刑判決　検証・袴田事件』（現代人文社ブックレット、03年）参照。

渡辺清（60歳　大阪拘置所）

4件殺人事件（1967.4.24〜73.3）
1948年3月17日生まれ
1975年8月29日　大阪地裁（大政正一）にて無期懲役判決
1978年5月30日　大阪高裁（西村哲夫）にて死刑判決
1988年6月2日　最高裁（四ツ谷巌）にて上告棄却、死刑確定
2件の無実を訴え、第6次再審請求中。歌集に『星よ輝け』私家版、88年がある。

（獄中生活で一番楽しいことは）
　週に一度ずつのDVDとテレビの視聴。特に、プロ野球の巨人戦があった日はうれしい。
（獄中生活で一番苦しいこと、つらいこと）
　いつ処刑されるかわからないこと。

石田富蔵（86歳　東京拘置所）

2女性殺人事件（1973.8.4/74.9.13）
1921年11月13日生まれ
1980年1月30日　浦和地裁（杉山英巳）にて死刑判決
1982年12月23日　東京高裁（菅間英男）にて死刑判決
1989年6月13日　最高裁（坂上寿夫）にて上告棄却、死刑確定
1件の強盗殺人事件の取調べ中に他の傷害致死事件を自ら告白、これが殺人とされた。前者の強殺事件は冤罪を主張。

　私は被害者に対し誠に申し訳なく悔悟反省しており、特別許可を頂き、房内に仏壇を安置しており、上段に本尊の阿弥陀如来の掛け軸、下段の両側に勤行聖典二冊、中央に被害者の俗名位牌、前面に教誨室で焼香時に煙を詰めた醤油の空容器三個（仏法僧）と念珠等を安置してあります。
　場所柄、線香（沈香）、香炉、蝋燭、御鈴等は許可になりませんので仮仏壇ですが、両手に念珠を掛け朝夕の礼拝は勿論の事、お盆、春秋の彼岸、命日等には欠かさず仏説無量寿経を唱え、ご冥福を衷心より祈念しております。
一九七三（昭和四八）年癸丑八月四日没

俗名　　　　　　○○○○子位
一九三九（昭和一四）年己卯九月二〇日生
　　　享年三三歳三一九日
　此の度は私達のために数々の御支援御協力を賜わり誠に有り難う御座居ます。厚く御礼を申し上げます。
　私は右半身不随で、このところ、呂律は舌が縺れずに、徐々に回復しましたが、特に右腕の麻痺と手指の震えには悩まされており、乱筆で、動作も多生鈍くなりましたが、職員の足手纏いにならず頑張っております。合掌
2008年9月4日

藤井政安（66歳　東京拘置所）

関口事件（1970.10〜73.4）
1942年2月23日生まれ
1977年3月31日　東京地裁（林修）にて死刑判決
1982年7月1日　東京高裁（船田三雄）にて死刑判決
1989年10月13日　最高裁（貞家克己）にて上告棄却、死刑確定
旧姓関口。第2次再審請求中

　所持制限は、それ迄の憲法違反①「裁判を受ける権利」　②「再審権は担保されている」（後藤田法相）　③「人権B規約」らを補助するために所持していたパンフ、切抜、本等が、不許可となったから問題なのである。
　憲法違反などは知ったことではない！　裁判所も認めているわい…認めなくても法で決めちゃえば、司法はわれわれの傘下よ…という思想に見えてならない。
　メチャクチャな総量規制である。よくこんな悪法を自民党は認めたものである。

違反状態でヨレヨレの私達に、その補助カバー迄奪脱する新法なのである。既に、違反だったのだ。そのカバーを今回奪うのである。
　新法前から、外部交通制限して、①②③を妨害してたではないか！　そのカバー分の処遇まで奪脱するなんて考えられない!!
　再審権は担保されている…誰に対しか？　囚人自身にではないか。とすれば、手紙、罫紙、現調、法律本、弁護士費用を囚人が交通によって取得してなさねばならぬハズである。
　それを制限して一体何が「担保されている」なのだ。
　交通制限されたら、アウトではないか！　こんな子どもでもわかる悪法を、どうして日本は平気な顔をして国にゆるしてるのだろうか？
　今迄は、こうした矛盾に対して、ささやかながらパンフ、切抜、本などでカバーの真似ごとをしてきた。それができなくなったのである！
　それに、東拘が裁判書類か必須書類かを管区に持ってって（コピー機やカメラのある所で…）審査する…というの、おかしくありませんか？　裁判不介入なハズが、治安維持の手口で、結局裁判介入ではないでしょうか？　全て、㊝や法務省にツーカーの東拘でしょ。一体日本の司法は、何をやってんでしょう。どうなってんでしょう…わが国は…　合掌

宇治川正（57歳　東京拘置所）

2 女子中学生殺人事件等（1976.4.1）
1951年6月29日生まれ
1979年3月15日　前橋地裁（浅野達男）にて死刑判決
1983年11月17日　東京高裁（山本茂）にて死刑判決
1989年12月8日　最高裁（島谷六郎）にて上告棄却、死刑確定
覚醒剤の影響下での事件。再審請求中。

　死刑の発表、私はかまいませんが、迷惑する人もいます。周囲の人を考えてもらいたい。（今までも迷惑をかけている身として辛い。）
（獄中生活で一番苦しいこと、つらいこと）
　亡くなった人のことを偲んだとき、心苦しくあり。多くの人に迷惑、心配かけて心苦しい。

金川一 (58歳　福岡拘置所)

主婦殺人事件（1979.9.11）
1950年7月7日生まれ
1982年6月14日　熊本地裁八代支部（河上元康）にて無期懲役
1983年3月17日　福岡高裁（緒方誠哉）にて死刑判決
1990年4月3日　最高裁（安岡満彦）にて上告棄却、死刑確定
無罪主張。再審請求中。

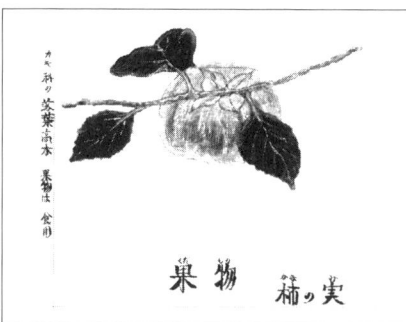

　私は苦しい中、毎日生きているが、明日の日どうなるか分からない日々をすごしていますが、再審請求を出している以上、無実を勝ちとる事が私の願いです。私は人など殺していません。自由の日がくることを願います。

　人生は長く生きたいものです。

荒井政男 (81歳　東京拘置所)

三崎事件（1971.12.21）
1927年2月4日生まれ
1976年9月25日　横浜地裁横須賀支部（秦不二雄）にて死刑判決
1984年12月18日　東京高裁（小野慶二）にて死刑判決
1990年10月16日　最高裁（坂上寿夫）にて上告棄却、死刑確定

■ 一審以来無実を主張。

　死刑制度廃止に賛同します。死刑制度廃止は人類の博愛、キリスト教の祈りの基盤です。日本からも死刑制度廃止へ実現しますように、共に頑張りましょう。では国会議員のご活躍と廃止実現へ前進しますようにお願いします。お祈りしています。敬具　荒政拝　アーメン

■ 佐々木哲也（56歳　東京拘置所）

両親殺人事件（1974.10.30）
1952年9月14日生まれ
1984年3月15日　千葉地裁（太田浩）にて死刑判決
1986年8月29日　東京高裁（石丸俊彦）にて死刑判決
1992年1月31日　最高裁（大堀誠一）にて上告棄却、死刑確定
無実を主張。再審請求中。

　私は事件直後、対応を誤り事件の発生を警察に連絡しませんでした。
　ですから母が殺害されてしまった後では「母が…」と強調するのは言い逃れでしかないと思われるも致し方ない状況もあります。

【永田洋子さん近況】
連合赤軍事件（1971〜72.2）
1945年2月8日生まれ
1982年6月18日　東京地裁（中野武男）にて死刑判決
1986年9月26日　東京高裁（山本茂）にて死刑判決
1993年2月19日　最高裁（坂上寿夫）にて上告棄却、死刑確定
著書に『十六の墓標（上・下）』彩流社、82、83年、『氷解　女の自立を求めて』講談社、83年、『私生きてます』彩流社、86年などがある。
　永田さんは、長い間、脳内の松果体部腫瘍による頭痛などに苦しみ、適切な治療が受けられなかったため、今は寝たきりの状態になっています。5月ごろはほとんど眠っているような状態でしたが、その後は目覚めていることもあり一言二言何か声を出すこともあります。東京拘置所では積極的な治療やリハビリが行われている様子はなく、点滴のみの対応が続いています。弁護人や家族が病状や治療に関する説明を求めても、拘置所側は拒んでいます。

しかし私は殺害されてしまった母の臨終は見届けていませんし、その現場にも居らず、それは十分に証明できると思ってきました。
　ですが、現実の裁判は裏切られることの連続でした。裁判所は父の事件後、母が生きていたことを物語る「証拠」でさえ正当に見ていません。
　誤った「死刑判決」の是正、それが私の人生です。
　この誤りだけは正されることを願っています。　　　　　　　2008.8.31

坂口弘（61歳　東京拘置所）

連合赤軍事件（1971～1972.2）
1946年11月12日生まれ
1982年6月18日　東京地裁（中野武男）にて死刑判決
1986年9月26日　東京高裁（山本茂）にて死刑判決
1993年2月19日　最高裁（坂上寿夫）にて上告棄却、死刑確定
再審請求中。著書に『あさま山荘1972（上・下）』彩流社、93年、『あさま山荘1972（続）』彩流社、95年、『坂口弘歌稿』朝日新聞社、93年、『常しへの道』角川書店、07年がある。

「こころの準備」
わが耳朶（じだ）に残る　あの声は
一度なれども　　執行の
告知うけたる　　その瞬間（とき）の
悲痛な叫びと　　のちに知る

四月ゴールデン（黄金）ウィーク（週間）の
まへの日ならばと　この日（註1）をば
狙ひ澄まして　　御迎への
日とせし手際の　鮮やかさ

こころの準備と　いふものが
あるに顧みず　　刑場へ
即曳き立つる　　日本国の
残忍無比の　　　酷薄さ

異議申し立ての（註2）　権利すら
知らぬ顔して　使はせず
世の無関心を　よきことに
違法な処刑を　止めぬなり

（註1）2007年4月27日
（註2）刑事訴訟法第502条は、裁判の執行処分に対する異議申立の権利を認めている。

澤地和夫（享年69歳　東京拘置所）　2007年12月16日、獄死

山中湖連続殺人事件（1984.10）
1939年4月15日生まれ
1987年10月30日　東京地裁（中山善房）にて死刑判決
1989年3月31日　東京高裁（内藤丈夫）にて死刑判決
1993年7月5日　上告取下げ、死刑確定
2000年3月28日　恩赦請求（同10月16日、却下）
2000年10月14日　再審請求
2007年12月16日　多臓器不全で死去

『殺意の時』87年、『監獄日記』89年、『拝啓　江副さん』89年、『東京拘置所　死刑囚物語』06年、以上彩流社、『なぜ死刑なのですか』06年、柘植書房新社など著書多数。

死刑制度に関する上申者の意見
　（1）制度そのものはあってよいと考える。
　（2）しかし、法的矛盾はあっても、死刑執行には賛同できない。
　（3）よって、恩赦制度等を見直し、執行を避ける対策を検討すべし。

死刑囚処遇についての意見
　（1）東京拘置所においての死刑囚処遇は、基本的には法的にパスしていると考える。これは、決して当局へのゴマすりではない。
　（2）では、処遇上の問題はどこにあるか。それをひと言でいえば、よ

く言われる「監獄の常識は社会の非常識」という点につきる。要するに、今どきの「社会通念」に反することが多であること。その例は、たとえば、
　ア．なぜ、基本的に外部交通を制限するのか。
　イ．なぜ、再審弁護人、訴訟代理人との接見に立会い職員がつくのか。
　ウ．なぜ、自由な執筆活動が認められないのか。
　エ．なぜ、裁判資料等の保管私物が制限されるのか。
　オ．なぜ、不必要な閲読、発信制限があるのか。
　カ．なぜ、総論としての、死刑囚の人権を制限する必要があるのか。

死刑囚処遇をどう改善すべきか
　（1）第1に重要なことは、死刑囚各位に自己の責任性を自覚させることが必要と考える。すなわち、甘やかしの支援をしないこと。
　（2）第2に、そのうえで、読む、書く、発信、受信の自由を政治上の責任と捉えて対処していただきたい。
　（3）第3に、死刑確定者にとっての最大の利益は執行されないことであり、支援者らは、そのための具体的対処を検討し、実行していただきたい。
　（4）この種アンケート等を政治上の問題として、年数回実施すること。すなわち、死刑囚らの報告を社会問題として政治家が政治案件として捉えていただきたい。
　（5）死刑問題において、法務当局の重い腰を動かすのは、政治家が、それを政治問題と認識して積極的に動いていただくしかないと考える。この20年間をふりかえって見て、この問題についての政治家の政治活動はまったく見るべきものなし。

結語
　（1）本件上申者を含めて、死刑確定者（殺人者）は自己の人権を訴える前に、自己の責任性を認識する必要があるのに、支援者らはその点をやや甘やかしている感あり。共に反省すべし。
　（2）処遇の基本は、人権に関しての「社会通念」にあるのであり、それは政治問題であるのに、日本の政治家はそれについての認識が欠けている。

（3）在監者処遇の改善は、政治的に実行していくしかないと考える。本件上申者の23年及ぶ在監生活の体験からして、そのように信じてやまない。

牧野正 (享年58歳)　　2009年1月29日、死刑執行

北九州母娘殺人事件（1990.3）
1950年3月15日生まれ
1993年10月27日　福岡地裁小倉支部（森田富人）にて死刑判決
1993年11月16日　控訴取下げ、死刑確定
2009年1月29日　福岡拘置所にて死刑執行
無期刑の仮釈放中の事件。一審弁護人控訴を本人が取下げ、確定。二審弁護人不在のまま本人が取り下げたことが問題。公判再開請求が最高裁で棄却。

（控訴を取り下げた理由は）面倒になり、早く楽になりたい。

猪熊武夫 (59歳　東京拘置所)

山中湖連続殺人事件（1984.10）
1949年7月2日生まれ
1987年10月30日　東京地裁（中山善房）にて死刑判決
1989年3月31日　東京高裁（内藤丈夫）にて死刑判決
1995年7月3日　最高裁（大西勝也）にて上告棄却、死刑確定
再審請求中。

　これは要望ですが、トタンジスタラジオの自弁購入（目が弱り読書つらく、他に楽しみがないため。また心情・健康面からも必要と思われます）。
　親族等に対する自由発信（旧法時代同様の手法、手段にて、法の無力化を図るべく「通達」や「内規命令」の乱発）。その結果、親族を介しても礼状一つ書くこともできず、内容制限厳しく、唯一の楽しみである手紙を書くのも苦痛であり（これでほとんどのものが精神的にも参ってしまっていると思われます）、そして度々、そのような暴挙を許してしまっている国会

及び国会議員先生方の責任は非常に重いと思います。新法の理念がどこにあるのか知れませんが、友人からの年賀状一つ入手できない、おかしいのではないでしょうか。

なお、不許可理由が、法ではなく「通達によるもの」（担当者回答）旨のことでありました。

上記に関連し「通達」等の乱発により、新法の運用がおかしくなってしまっているため、例えば面会ある者、ない者等の格差ばかり拡大し、新法の趣旨、精神に反することはもちろんのこと「心情の安定や人権上にも問題あり」と言えるのではないでしょうか。

他方、再審に関し、私は「共謀共同正犯」という事で死刑を選択されている訳ですが、私は、被害者に会ったことも無いし、名前も知りませんでした。そうすると「共謀共同正犯」は成立せず、現在、それで争っている訳ですが、しかし、そこで大きな問題は、その様な大きな誤りがあっても、仮に私が再審提起しなかったなら、間違いなく、もうとっくに執行されてしまっており、私に限らず「法の適用の誤り、あるいは死刑にする必要の無いもの」まで執行されてしまっている可能性大であり、その事実は否定できないでしょう。現に冤罪事件も多々ありますものね。私の判決、裁判経過を振り返って見て、その事をつくづく感じております。

山野静二郎（70歳　大阪拘置所）

不動産会社連続殺人事件（1982.3）
1938年7月31日生まれ
1985年7月22日　大阪地裁（池田良兼）にて死刑判決
1989年10月11日　大阪高裁（西村清治）にて死刑判決
1996年10月25日　最高裁（福田博）にて上告棄却、死刑確定
再審請求中。著書に『死刑囚の祈り』、『死刑囚の叫び』ともに聖母の騎士社、99年がある。

私は警察の違法取調べにより、重造罪を創作されて、死刑へと追い込まれました。私は死刑を適用されるような法的犯罪行為はしておりません。したがいまして、現在再審請求中です。正しい判決を得るべく、全身全霊を尽し、

かならず再審を勝ち取る決意で努力し、頑張っております。絶対に確定判決の死刑は受け容れられません。断固闘い貫きます。

大城英明 (66歳　福岡拘置所)

内妻一家4人殺人事件（1976.6.13）
1942年3月10日生まれ
1985年5月31日　福岡地裁飯塚支部（松信尚章）にて死刑判決
1991年12月9日　福岡高裁（雑賀飛龍）にて死刑判決
1997年9月11日　最高裁（藤井正雄）にて上告棄却、死刑判決
旧姓秋好。4人のうち3人殺害は内妻の犯行と主張。再審請求中。事件内容は島田荘司著『秋好事件』『秋好英明事件』、ホームページの「WF島田荘司」に詳しい。

　死刑制度は社会を荒廃させることを証明するかの如く、最近多量殺人を目的の凶悪犯罪が多く、これは明らかに、多量の死刑執行が故と考えられる。つまり、自殺できなくて、犯罪を犯して死刑になることで、自己の死を成就しようと、殺人に走ったケースが多発していることでも分かる。
　かつて3年4ヶ月ぶりに死刑執行が再開された時、その直後にオウムの地下鉄サリン事件があったことを考えると、死刑は必ずしも殺人抑止効果を持たず、逆に殺人を誘発している感があり、一日も早く死刑を廃止し、慈悲の施策をもって凶悪犯罪をなくす社会を実現して欲しいものです。

神宮雅晴 (65歳　大阪拘置所)

警察庁指定115号事件（1984.9.4他）
1943年1月5日生まれ
1988年10月25日　大阪地裁（青木暢茂）にて死刑判決
1993年4月30日　大阪高裁（村上保之助）にて死刑判決
1997年12月19日　最高裁（園部逸夫）にて上告棄却、死刑確定
旧姓廣田。無実を主張。再審請求中。

　娘が自殺をした。20歳の処女の身体で。ショックで気違いになった。ムスコ、愛人も今流行の国に拉致をされた。この世に3人類似した他人がいると

いうが、娘によく似た女子マラソンの高橋尚子さんに逢いたい（泣くかもしれないが）。写真を見ただけで涙が出て来る。
〔獄中生活で一番苦しいこと、つらいこと〕
　暑さ寒さへの対応。再審で正しいことを主張しても嘘と言われ、裁判に必要な用紙代、カンテイ代もない秋(とき)。嘘を正確と判示された書面を読む秋。
　他にも多くの訴えがしたいが、今のところ、再審請求に影響があるので沈黙をする。
　日本政府は真犯人を知りながら沈黙をし、オレを処刑して、真実を闇にほうむろうとしている。

松本美佐雄（43歳　東京拘置所）

　２人殺人１人傷害致死、死体遺棄事件
1965年２月20日生まれ
1993年８月24日　前橋地裁高崎支部（佐野精孝）にて死刑判決
1994年９月29日　東京高裁（小林充）にて死刑判決
1998年12月１日　最高裁（元原利文）にて上告棄却、死刑確定
　１件の殺人について否認。他の１件については共犯者の存在を主張。再審請求中。

　一・二審の弁護士が警察官によって送り込まれた事実と、その弁護士の脱税、業務上横領、不動産詐欺、刑事裁判の妨害、民事裁判の妨害の事実と、そしてその事実の発覚を防ぐために弁護士死亡の偽装工作が行われていたことが発覚したことから、３人の弁護士に犯人逮捕を依頼し、現在、結果を待っているところです。皆様もご協力お願い申し上げます。（通謀伝播器による侵害で四六時中喋らされています。）

高田和三郎（76歳　東京拘置所）

　友人３人殺人事件（1972.2～74.2）
1932年８月17日生まれ
1986年３月28日　浦和地裁（杉山忠雄）にて死刑判決
1994年９月14日　東京高裁（小泉祐康）にて死刑判決

■ 1999年2月25日　最高裁（小野幹雄）にて上告棄却、死刑確定
真犯人は別人と主張。再審請求中。

1．昭和51年1月27日、殺人事件に関する捜査本部が設置されていた埼玉県熊谷警察署に恐喝幇助の疑いで被逮捕。同年2月4日、その件で起訴されて被告人となり、同年5月4日、殺人事件（昭和49年2月22日発生）で起訴されました。それから4年間余り経過した同55年8月25日、別の殺人事件で浦和地裁へ起訴されましたが、その他の事件は同51年中、熊谷支部へ起訴されて審理が進められていましたところ、それらの事件も浦和地裁へ移送されて併合審理されることになりました。前記恐喝幇助事件は一般的見地からして犯罪と認定されるべきものではありません。

昭和55年8月25日、浦和地裁へ起訴された事件は、同48年7月21日に熊谷市大字新堀に所在する家屋内で発生させたものとされていますが、その被害者は、それより約1か月前の同年6月下旬から所在不明になっていて、それ以降、前記家屋に居住していなかった事実が判明していて、その旨記載されている昭和51年5月1日付司法警察員作成による報告書が提出されていて、それが事実認定の証拠（第120号）とされました。したがって原審、控訴審各判決書に、その旨記載されています。なお、その公訴事実には被害者の死体が存在せず、裏付け証拠もありませんので、上記各判決が、その旨判示しています。

前述の昭和51年5月4日起訴事実における事件は、同49年2月22日午後5時ころ、埼玉県大里郡川本村大字田中地区先の荒川河川敷で被害者と私が魚釣りをしていた際、私が当所で入手した石で被害者の頭を殴るなどして殺害したというものです。

しかし、その被害者は小児麻痺で左腕から指までが使えないため、魚釣りはできず、当時、肝硬変という病気で当日の午前中、医師の診療を受けていた証明があります。その人が厳寒の2月中、検証によって判明しているとおり、普段の軽装で薄暮時まで7キログラムほどの石で頭を殴るのに都合よく水流端で腰をおろしていることは一般的に考えられないはずです。

なお、事実認定の証拠とされた被害者の妹さんの供述によりますと、被害者は事件当日の午前中、預金通帳と印鑑を所持して外出したまま帰宅しなかったとのことですが、同じく証拠とされ、公訴事実の基盤となった私の供述

では、事件当日の午後１時ころ、私が自動車を運転して被害者方へ赴き、被害者と飲酒、交談中、魚釣りに行くことになって、２人が当人宅を出発したのは午後２時過ぎころであったとなっていて、起訴状や原審判決書にその旨記載されています。

更に昭和51年３月17日付、同18日付司法警察員に対する私の供述では、私と被害者が魚釣りをしていた場所、凶器とする石を入手したという場所、被害者を殺害したという場所、死体を隠して置いたという場所などについて、前記の場所より約４キロメートル下流の埼玉県熊谷市大麻生地区先の荒川河川敷となっています。それが、その後の同年３月30日付の同供述から前記大里郡川本村大字田中地区先の同河川敷ということに変更されたものです。そして被害者の死体を当所に茂っていた草むらの中へ隠したということになっていて、起訴状、論告要旨、原審判決書に、その旨述べてありますが、厳寒冬枯れの２月中、その地方の河川敷に、成人の死体を隠して置けるような草むらが繁茂していることはありえません。そのうえ証拠とされ、かつ公訴事実の基盤となった私の供述における犯行時の状況は、①凶器として使ったという物の形質、②被害者の態様、③殺害の方法、④死体を隠したということ、⑤自動車を使って死体を処分したということなどについて、２件とも同じ取調官のもとにおいて同じ内容で行われていたものが、再度にわたり、同じ内容で変更されながら出来上がったもので、それは取調官の示唆、誘導に従いながら、そのとおりに至ったものです。

２．昭和61年３月27日、浦和地裁第１刑事部で死刑等の判決。
平成６年９月14日、東京高裁第11刑事部で控訴審棄却判決。
平成11年２月25日、最高裁第１小法廷で上告棄却判決。
その間、控訴審では、大部分が原審で排斥された弁論要旨をそのまま転記した弁護人の控訴趣意書に対して判示し、前述の枢要事項について詳述した被告人の提出書面及び、その記述に基づき、公判廷で展開され、公判調書に記載された肝心な事柄に触れていません。

そのため、私は平成16年２月16日付で提出した再審請求趣意書で、その事項を新証拠として主張しましたところ、同19年７月５日、さいたま地裁第１刑事部における決定で、

「請求人が新証拠として主張する事項は、大部分が控訴審、上告審で提出

した各書面に現れているから刑訴法435条6号所定の新証拠に該当しない。」という理由を付して請求を棄却しました。しかし、控訴審や上告審で提出した書面に記載した事項であっても、それに対する検討、判断が回避された場合、未だ審判を経ていない事項ですから、それが刑訴法435条6号にいう新証拠に該当することは否定の余地がないと思います。

　私が控訴審、上告審、再審請求で提出した書面には、いかなる反論も寄せつけないと確信しながら述べた不自然、不合理事項が多く明示してありますので、それを棄却するには回避するほか方法がなかったのでしょうが、事案検討上、枢要な事項に関する判示が回避された場合、それを新証拠として再審請求が提起されるのは当然のことです。そのことからしても前述のような手続きは、いたずらに訴訟を長期化させるもので、憲法37条1項の規定にも違反すると思います。その経緯からして私は前記さいたま地裁による棄却決定につき、類似事案について判示された高裁、最高裁の判例を付して即時抗告を申立て、現在東京高裁第10刑事部へ係属中です。

松井喜代司（60歳　東京拘置所）

安中親子3人殺人事件（1994.2.13）
1948年1月23日生まれ
1994年11月9日　前橋地裁高崎支部（佐野精孝）にて死刑判決
1995年10月6日　東京高裁（小泉祐康）にて死刑判決
1999年9月13日　最高裁（大出峻郎）にて上告棄却、死刑確定
再審請求中。

　東拘第1区長Fの脅迫の犯罪について、これはFの能力不足をゴマカスための被収容者を脅迫して何も言わせないというものです。他施設での医務虐待とも考え方は同じものだと思います。

　死刑囚も支援者の方々と接して、正しい教え、人間らしい心を取り戻せば、十分更生してやり直せます。逆に殺人（死刑）が正義というのが一番人命を軽視することです。人権無視の処遇からは「北風と太陽」の話ではないけれど良い結果は生まれません。人権を尊重して、人間らしい処遇から更生への一歩が始まります。

松本健次 (57歳　大阪拘置所)

２件強盗殺人事件（1990.9／91.9）
1951年２月３日生まれ
1993年９月17日　大津地裁（土井仁臣）にて死刑判決
1996年２月21日　大阪高裁（朝岡智幸）にて死刑判決
2000年４月４日　最高裁（奥田昌道）にて上告棄却、死刑確定
「主犯」の兄は事件後自殺。再審請求中。

　福島みずほちゃんへ　俺と文通をよろしくお願い致します。文通する相手をよろしく。全員で10人程支援人を増やして下さるように、福田首相さん、保岡興治法務大臣さま達へ報告を。レーダー光線を外部から中止して下さるよう国会議員達へ報告をして下さい。命の大切さは良くわかりましたので、トクー償金等のために特別出廷願いを弁護士たちに現在お願い中です！

萬谷義幸 (享年68歳)　　　2008年9月11日、死刑執行

地下鉄駅短大生殺人事件（1988.1.15）
1940年１月24日生まれ
1991年２月７日　大阪地裁（米田俊昭）にて死刑判決
1997年４月10日　大阪高裁（内匠和彦）にて死刑判決
2001年12月６日　最高裁（深沢武久）にて上告棄却、死刑確定
2008年９月11日　大阪拘置所にて死刑執行
無期刑の仮釈放中の事件。

１．支援者の方々との交通権の確立。友人の方々との交通権の確立。
２．警察の取調。少年の時、女性の胸を切りつけ、10日間の怪我（S.32年５月）を負わせましたが、傷害が殺人未遂となり、貧しい母子家庭の育ちと云う事から、強盗殺人未遂となりました事、事件当時、所持金を持っていなかった事から強盗目的として調書を作られてしまいました。前刑と本件も強盗目的として警察は調書を作文しました。本件では、一審と控訴審とも２度に於いて、大学教授による精神鑑定でも強盗目的ではないと認定

しているに係わらず、各裁判所、裁判官は、それを無視して、マスコミの報道に同調しています。再審申立てを行なったのは強盗目的は無罪だからです。
〇現在第2次再審申立ての準備中です。

陳代偉（47歳　東京拘置所）

パチンコ店強盗殺人事件（1992.5.30）
1961年2月13日生まれ
1995年12月15日　東京地裁八王子支部（豊田健）にて死刑判決
1998年1月29日　東京高裁（米沢敏雄）にて死刑判決
2002年6月11日　最高裁（金谷利広）にて上告棄却、死刑確定
中国国籍。定住以外の外国人の死刑確定は戦後初めて。主犯格国外逃亡中。取調べ時拷問を受け、自白を強要された。強盗殺人の共謀と殺意の不在を主張。通訳の不備が問題となる。再審請求中。

　尊敬する福島みずほ先生、こんにちは！
　私は陳代偉といいます。中国人です。92年5月多摩パチンコ店の強盗殺人事件で死刑判決を受けています。私は主犯王剛勇・何力とこの強盗事件の共謀をしていません。一・二審は海外逃亡中の王剛勇の罪責を私に押し付け、事実に基づかないで憶測で私が王剛勇と何力と強盗事件を共謀し、また、店員二人を刺し殺したと推認して、私を生贄にしました。私は濡れ衣を着せられ、死刑判決を受けてから、もう16年になりました。
　私は今最も訴えたいのは、東京拘置所で受けている理不尽な待遇と嫌がらせと無視です。去年の6月のはじめ頃から、私は外部交通権申請、手紙の受信や新聞購読などで理不尽な待遇を受けました。それらのことで私は区長や所長と交渉しました。それで、担当看守に目をつけられ、私の食事量等を極端に減らされました。私の食事量が減らされたために、お腹がいつもすいている状態です。さらに、配られた少量のご飯は焦げて変色しています。
　今年の4月4日と5月15日に、私は再び親族外部交通権許可申請しましたが、認められませんでした。5月26日、この不合理な決定を受けて、所

長あてに面接願を提出して、訴えようとしたところで、食事の量がまた変わり始めました。6月のはじめ頃から今日まで、私は毎日飢餓の中で過ごしています。配られた少量のご飯は焦げていて変色しているものばかりです。この状況を6月24日から今日まで、私は毎日のように区長に訴えていますが、未だに解決されません。

　6月24日から私は食事面で嫌がらせを受けたことで区長に訴えてからは、区長からも嫌がらせを受け始めました。6月26日の転房の時、区長は強制的に私を26号房から44号房に転房させました。44という数字は不吉な数字で、ここにいる日本人死刑囚が皆この数字を嫌がっています。また、44号房は看守たちの仕事場と風呂場に近いため、騒音が大変ひどいです。去年の6月から、私は外部交通権のことでうまくいかなかったために、夜眠れなくなりました。長時間眠れないために、神経衰弱して、騒音などにひどく敏感になり、頭痛がするようになりました。この症状を転房を命じられた時に区長に伝えましたが、無視されました。転房の時期は、騒音のひどい看守の仕事場と風呂場から離れている29〜38号房はみんな空いていました。今でも、30〜37号房は空いていますが、変えてもらえません。6月26日からは、私は騒音で頭痛に悩まされるようになりました。7月22日、とうとう激しい頭痛に耐えられなくなり、頭痛薬を飲むようになりました。今度は頭痛薬の副作用で、胃痛にも見舞われました。私は今大変辛いです。頭痛と胃痛がひどいので、夜さらに眠れなくなりました。今では、毎晩3粒の睡眠薬をのむことでようやく眠れるようになったのです。6月26日から、看守の仕事場と風呂場に近い44号房に入ってから、騒音で眠れないためにもたらされた頭痛と胃などの状況を区長に再三訴え続けてきましたが、全く聞き入れてもらえませんでした。

　以上は、私が今現在最も訴えたいことです。毎日の食事で嫌がらせを受けたことや、強制的に転房をさせられたことなどの事実については、後日具体的に書きたいと思っています。書き終わりましたら、先生にお送りしたいと思います。もし直接先生のところに送ることができなければ、私は弁護士を通して先生のところに送らせていただきます。最後に、私は日本語が不得意なために、日本語で書けないことを申し訳なく残念に思っています。

　どうぞよろしくお願い申し上げます。　　　（2008年9月4日）［上村和代　訳］

何力（44歳　東京拘置所）

パチンコ店強盗殺人事件（1992.5.30）
1964年10月3日生まれ
1995年12月15日　東京地裁八王子支部（豊田健）にて死刑判決
1998年1月29日　東京高裁（米沢敏雄）にて死刑判決
2002年6月11日　最高裁（金谷利広）にて上告棄却、死刑確定
中国国籍。定住以外の外国人の死刑確定は戦後初めて。主犯格国外逃亡中。取調べ時拷問を受け、自白を強要された。強盗殺人の共謀と殺意の不在を主張。通訳の不備が問題となる。再審請求中。

　私の事件は強盗殺人と認定されています。しかし、私本人は強盗殺人を共謀したこともなければ、殺意もありません。2審と最高裁が認定しているとおり、私は従犯であり、実質犯行もただ普通のタオルを巻いた木製の棒（長さ約45センチ、直径約4センチ）で一人の被害者の前頭部を2回殴っただけです。しかも、法医学鑑定書によりますと、その被害者の前頭骨に微骨折が認められるが、死因と考えることは適当ではないと認定しています。
　要するに、私個人の実質犯行はただ強盗致傷だけです。私は決して裁判所が指摘し認定しているような「被告人らの凶暴、残忍、冷酷な性情、血の通った人間らしさを窺うことができない」というような死刑に相当する極悪な者ではありません。
　しかし残念ながら、本件は3人の中国人が強盗によって3人の日本人の被害者を死に至らしめたという理由があっても説明できない厳しい結果となったことと、本件のように3人以上の複数犯の事件は、1人の「殺意」の問題を解明できれば、全局面を変えられる場合の下で、しかも主犯がまだ捕まっていませんので、各裁判所が事実を歪曲して従犯である私の命を主犯の身代わりにしなければ、裁判官たちと一部の関係者の憤慨及び被害者の御遺族の方々の怒りや表面的な犯行様態しか知らない世論を宥めることができないということです。それで、各裁判所は明白な犯行の動機及び私個人の実質犯行と犯行後の良好な反省、悔悟の態度と顕著な改悛の情などを十分知っていながら、事実そのものについて論じるという慣例に従って裁いて下さることができませんでした。加えて、この十数年来、外国人の凶悪な犯罪事件は増える一方であったという点等での「結果の重大性」「社会的注目度」を重視す

るあまり、本件審理に当たり、その方針をみせしめとして「初めに死刑ありき」、即ち初めから結論が出ており、真実を度外視、何がなんでも重刑にする検察官、裁判官方の姿勢が顕著であったことが見られること。

　私は取り調べを受けていた時、自分が犯してしまった罪の重大さをよく認識したので、事実に基づいて事件の真相を告白することこそは、被害者の方々及びその御遺族の方々に対し、自分の良心を説明できる唯一のことだと思いました。そのため、私は取調官に聞かれた事については必ずきちんと答えていましたし、聞かれなくても正直に自白して捜査に最大の協力をしたのです。

　当時警察の取調官は私が本当に良心の呵責によって、とても素直に自白して事件の捜査等によく協力したことはよく分かるし、自白した事件の経緯等も合理的で何らの矛盾もないと言っていました。それで、警察官も良心的に私の言い分等を元に一生懸命に捜査をしてくれて、自白調書の内容も殆ど捏造しませんでした。

　しかしながら、法廷の検察官たちは検事の取調官が勝手に捏造した検面調書をもって、私を死地に追い込む目的を達するために強硬に、私の共謀殺害と殺意のあるという致命的な冤罪を雪ぐことができる、かつ、私のような重大な事件に絶対に欠けてはいけない上記極めて重要である警察作成の供述調書（員面調書）という証拠を押さえて各裁判所に提出しなかったばかりでなく、1審と上告審の段階で弁護士の先生方が私のために何回も八王子地方検察庁に行って、員面調書などの開示を求めていても、いずれも言い訳をして、弁護用として弁護士の先生方に渡していませんでした。それなのに、各裁判所が担当した検察官たちに員面調書の開示を一度も命じたことがありません。

　私は検察官が死刑事件に対しても今でも本件の員面調書を開示してくれないことは、違法または不当であると思っていますので、今は裁判所が一日も早く、私の弁護士の先生方が求めている員面調書の開示に応じて、検察官に員面調書の開示を命じることを切望しています。なぜなら私は、もし開示してくれたら、私には強盗殺人を共謀したこともなければ殺意もないと証明できるという大切な員面調書を再審請求の新証拠として裁判所に提出すれば、裁判所が何時か再審開始の決定をしてもらえると信じているからです。要するに、もし今後員面調書をずっと開示してくれず、不当な判決を受けたまま

処刑されたなら、私は本当に死んでも死に切れません。（2008年8月30日）

横田謙二（59歳　東京拘置所）

知人女性殺人事件（1999.1）
1949年5月23日生まれ
2001年6月28日　さいたま地裁にて無期懲役判決
2002年9月30日　東京高裁（高橋省吾）にて死刑判決
2002年10月5日　上告取下げ、死刑確定
無期刑の仮釈放中の事件。再審請求中。

（獄中生活で一番苦しいことは）ほとんど座って居るのでつらい。

黄奕善（39歳　東京拘置所）

警視庁指定121号事件（1993.10.27〜12.20）
1968年12月14日生まれ
1996年7月19日　東京地裁（阿部文洋）にて死刑判決
1998年3月26日　東京高裁（松本時夫）にて死刑判決
2004年4月19日　最高裁（島田仁郎）にて上告棄却、死刑確定
中国系のマレーシア国籍。共犯者は05年9月死刑確定。強盗殺人の共謀と殺意の不在を主張。再審請求中。

被害者のこと
　私は東京拘置所に来てから、多くの親切な人に出会えまして、当時、何も分からない私に、皆様は親身になっていろいろなことを教えていただきました。
　例えば、亡くなられた被害者のご冥福を毎日欠かさずに祈ることや、命日に合わせてお線香を上げること、そして自分の犯した過ちを改めるには、どんな厳しい環境に置かれても、自暴自棄になるようなことは絶対にやってはならないだけでなく、ずっと無事故で被害者の方たちに罪の償いをしてくださいなどと、当たり前のことですが、私にとってとても貴重な助言だと思い

ます。

　皆様のおかげで、私は東京拘置所に入所してから今日まで丸十四年、一度も事故を起こすことなく、現在、自分にできるのは被害者へのご冥福を祈ることしかできませんので、毎日三十分ずつ被害者のご冥福を祈っております。もちろん、これで十分とは少しも考えたことがありません。

　これからも、被害者やその御遺族たちに自分ができる且つ可能なことならば、全部やりたいとともに、一生をかけて罪を償っていきたいと思っております。

事件と裁判および判決について
　私は事件に関わっていたことは間違いありませんが、私は死刑判決を受けるような事件を起こしてはいません。したがって私の裁判には誤判があるというよりも、裁判には裁判官の作為があって、判決は公正に判断したものではありません。

　と言いますのは、初めの事件で私は足の腿を刺したのであって、そんなことで人が死ぬなんてことは、考えていませんでした。すべての事件は、私は以前から助けてもらったYさんという人から逃げられなかったことに加え、彼の威嚇に恐れて次々に事件に関わってしまったのです。ですから、法律で言うところの殺意なんてことは、私には本当にありませんでした。

　判決文には殺意という言葉がいっぱい書かれていますが、これは裁判官の下した死刑判決を正当にするための手段であって、殺意が立証できなければ死刑判決は出せないことの裏返しでもあり、検察官らは取り調べの段階から焦点にしているのですが、、事件を起こした被告とりわけ外国人である私にとっては、そんな法律の条文を知っていたわけではありませんし、私は検察官らに殺意のことばっかりを迫られて調書をとられていたのが実情です。

　実際に当時の警察の取り調べを受ける際、私や共犯が言ってもいない事や、事実と違うことを聞かれたため、私がいくら事実とは違うと主張しても、取り調べ担当の係官はせせら笑って相手にしませんでした。逆に、怒って怒鳴りつけてきます。

　例えば、主犯格Sさんからの「一郎、お前刺せ」という命令を受けた時、あれは被害者をもっと痛めつけて、金庫の鍵の所在およびダイヤルの暗証番号を聞き出すのが本当の目的だったのです。ところが、私が有りのままを言

うと、その取調官は「そこは違うやろう。ＳもＹも『殺す』と言っとる。なんでお前だけウソをつくんや」などと、怒って私を怒鳴りつけて、その係官に怒鳴られた私を見たもう一人の刑事さんは「一郎、大丈夫。素直に認めれば怒らないから」などと、慰めの言葉をかけてきます。結局、私の言うことはほとんど聞いてくれませんでした。今にして思うと、警察で威嚇めいた取り調べを受け、私は殺意という偽りの自白を強要されたのです。

　一方、裁判の法廷で、裁判官も、言い訳をくり返す被告より、善意から名乗り出た人の話の方を信じていました。ですから、判決については、反対に、外国人という私に、裁判官等が殺意を持って、私に死刑判決を下したのだと思いますが、裁判官には正直に答えていただきたいものです。

　前法務大臣・鳩山さんが、「我が国は三審制で物事が決する」などと言っていますが、はっきりいって、三審は形に過ぎません。と言いますのは、一審で死刑判決が下ったら、もう裁判が終わったと言ってよいです。反対に、一審で無期懲役ですと、二審から死刑になるというこの国の司法の傾向です。また、ほとんどの判決は裁判官の心情で死刑判決が下せるような気がしてなりません。だから、裁判の判例主義も、新しい判例が裁判官に作れないのも、裁判で判決（死刑）を覆すことに困難なものがあります。正しく考えて、事件を審議しても判決が間違ったまま覆せないのも事実です。日本の法律が根本から誤っていると言いますか、法律の物差しが狂っているのではないかと思います。

執行について

　法務大臣が人を殺す（死刑を執行する）たびに、必ずと言っていいほど、「法律があって法治国家だから、正義のために、凶悪犯罪を犯した人の死刑は執行しなくちゃいけない。まさに正義のためと私は思ってる。だからどんなに苦しくても責任を果たそうと思ってやってきた」などと、このようなコメントを出すのです。

　正義のためって、本当は違うでしょう。一つは法務大臣のうしろには、死刑囚の人権など全く顧みない死刑執行を支持する多くの市民がいることだと思います。もう一つは、世間に注目させて、ほめられますとすぐさまにその調子に乗って、もっと受けようとして権力を振るって約二カ月に一度の殺人を強行したのだと、私は確信を持って言えます。

どんなに苦しくても責任を果たすべきだと思ってやってきたとおっしゃってますが、本当にそう思っているのならば、権力を振るって若い刑務官に二〜三万円の日当を払ってやらせないで、自ら死刑執行のボタンを押すべきではないでしょうか。ましてや、自らも死刑囚の資料を精査して、間違いないんだと自信をもって決めたのだから、死刑執行の命令書に判子を押す勇気がある権力者は、執行のボタンを押す勇気もあるはずです。これが本当の正義かつどんなに苦しくても責任を果たしたと言えると思います。

　一方、死刑判決を言い渡した裁判官等にも同じことを言いたいと思います。裁判官等は自分たちが下した判決はあたかも完全無欠のようです。もし自分たちが下した死刑判決に全く誤判や誤認等がないという自信があるのならば、自ら死刑判決を言い渡した死刑囚の刑が執行される時、自分たちの手で執行ボタンを押すべきだと思います。と言いますのは、自分たちが被告人に死を望んでいて、死刑を言い渡しておきながら、刑務官に殺人をやらせるのは、卑怯者のすることです。

　ここで、井上東京大学教授のお言葉を引用します。

　国民は「死刑制度は国家に悪いやつを殺してもらう制度だと思っている」が、本当は「国民が殺す制度」である。何故なら「死刑制度を維持している究極の責任者」は主権者たる国民なのだから。そう考えれば「評論家的に『あんなの吊せばいい』みたいな、憂さ晴らし的評論をしていた国民」は、決定的に当事者意識を欠いていることになるということを述べております。

　そもそも、日本の刑務所では薬物を断ち切る治療はもちろんのこと、過ちを犯した人への教育もほとんどしません。だから、何度も事件を起こすことになるのです。もう一つ最大の原因は、刑務所を出所後、住民に冷たい目で見られるだけでなく、偏見、先入観、そして排除されることです。多くの市民が自らのこういった態度や思想で、人を追い詰めていることを自覚していません。これが最大弊害です。

請願作業していないことについて
　この事は、一年前に私は被害者へのお花やお線香代として、請願作業したい気持ちがありまして、担当職員さんに作業等のルールを伺いました。しかし、その定めはとても厳しくて、現段階では無理ですと判断しまして、請願作業を申請しなかったのです。

その定めですが、一旦請願作業をしたら、やめることはできない、つまりずっとやらなければなりません。また、一旦やめたら再度請願はできないというものです。
　私の支障は、今第一次再審申立て中ですので、弁護士の先生方から追加意見等のようなことを書いてくださいと、いつ言い付けてくるか分からないとともに、事件現場のことは私にしか分からないのです。それだけでなく、事件は既に10年以上が経過した上、私は必死に日本語を勉強しておりますが、すぐには書けないものがたくさんありまして、それで現段階請願作業を申請しませんでした。

獄中生活で、一番楽しいこと、うれしいこと。
　正直に言いますと、こういう閉鎖的且つ非人道な施設に入りますと、楽しいことはほとんど感じません。強いて言えば、月に３本のビデオが鑑賞できることです。
　一方、うれしいことは、先生方が私たちのために、いろいろとご尽力してくださることです。

獄中生活で、一番苦しいこと、つらいことは
　一番苦しいことは、土を踏まないことをはじめ、多少の自由も認めてくれないことです。例えば、絵の便せんや封筒等の購入を認めないどころか、この施設で購入した封筒に絵等を描いても駄目です。こんな人間性のない扱いは、恐らく先進国の中でこの日本だけだと思います。

処遇の変化で悪くなったこと
　この件は、フォーラムニュースの中で既に取り上げられているとともに、把握して、おりましたので、念のためです。
　一点目は、面会時間がたったの15分です。待つ時間の方が遙かに長いです。
　二点目は、弁護士の先生との面会を職員が立ち会い、しかも一般人扱いしていることです。
　三点目は、発信通数を従来の２通から１通に変わり、枚数制限なしだけです。私たちは一日何十枚ものお手紙を書いているわけではありません。これらは全て不当な制限なんです。　以上、よろしくお願い致します。

石橋栄治（70歳、東京拘置所）

神奈川２件強盗殺人事件（1988.12.28/89.1.1）
1937年10月25日生まれ
1996年３月８日　横浜地裁小田原支部（萩原孟）にて無期懲役判決
1999年４月28日　東京高裁（佐藤文哉）にて死刑判決
2004年４月27日　最高裁（藤田宙靖）にて上告棄却、死刑確定
一審では、２件のうち１件を無罪として無期懲役判決。再審請求中。

　この事件は、昭和六三年一二月、多門建設、おきた、事件です。夜になってからＴの所に遊びに行きました。Ｔの部屋に上って、Ｔが一升びんをだした。仕事の話をしながら、自分一人で酒を飲んでいました。Ｔとは、金の話など一切していません。時計がないのでテレビを付けて十時半頃でした。
　自分も、ねむくなりＴも寝くなったので、Ｔの部屋を、でた。国道まで二、三〇メートルいけばタクシーを、まっていました。タクシーは、一台も通らない国道に三〇分ほどいました。
　多門建設のそばに、居酒屋のお店があるので、そこにいってタクシーを、よんでくれ。お店にいって 居酒屋の方に歩いていきました。そうしたら宿舎から三人でてきました。この三人は、うらを、まわって、多門の前に、たばこ屋があります。この三人は、たばこやの前に約一五分ぐらいいました。自分はタクシーをたのむのも、わすれていました。この三人の内の一人は、多門に、働きにきている。名前わ、わかりません。
　その内に、三人は、いなくなった。自分は酔っています。
　多門の宿舎から、けむりが、でたので、自分はたばこやの戸を、たたいて、その内に、消防所、警察に、つれていった。
　自分は警察でも三人組のことは、一切頭になかった。
　警察調書は、全部自分に内用を説明して調書は、出ました。金は自分は人から貸りて持っていた金です。
　お前は、Ｔから、金を貸りるつもりできた。Ｔに金をかさないので、Ｔを殺して火を付けた。それから小田原の事件になった。これも松田警察が小田原の事件があったところの地図を思って気てここでタクシー運転手が、さし殺された。小田原の取り調べでは、小田原は、でっちあげとぽを力です。小田原警察も、自分に事件の内用を説明して調書が出きあがった。添の後拘置

所、おくり三ヶ月ぐらいして拘置所の運動場で、三人の内の二人が運動場で向こうわ、自分のことを知らないので自分わ、だまっていた。二三日たって、拘置所で新聞を、見せてくれた。そこに三人組の内の一人を殺した。名前は、S.M、N.M、殺された一人S.H、この男は、平塚にもいた。一ヶ月ぐらいして自分は、体をこわし、病院がよいして四ヶ月通い三人組のことを、わすれていました。

　それから三年後、弁護士に小田原事件は自分には、全然関係がない上、大井事件も全然関係はない。上大井三人組がいる。裁判所にタクシー殺しを中止するように弁護士に言ったのに、そういゆことを言うならお前の弁護を引受ない　自分は後わ弁護士の、いいなりになりました。弁護士は小田原の事件えん罪、小田原は、えん罪になりました。
上大井事件は結果は、この通りです。
　みずほ先生、どうしたらいいのかおしえて下さい。

岡﨑茂男（55歳　東京拘置所）

警察庁指定118号事件（1986.7／89.7／91.5）
1953年6月30日生まれ
1995年1月27日　福島地裁（井野場明子）にて死刑判決
1998年3月17日　仙台高裁（泉山禎治）にて死刑判決
2004年6月25日　最高裁（北川弘治）にて上告棄却、死刑確定
殺人の被害者2人で3人に死刑判決。再審請求中。

（獄中生活で一番楽しいこと）特にない。
（獄中生活で一番苦しいこと）歯が痛いこと。食事内容が悪い。再審請求の作成。仙台拘置所から東京拘置所に移監となった理由について不明なのでイライラする。仙台拘置所に戻りたいです。

迫康裕（68歳　仙台拘置所）

警察庁指定118号事件（1986.7/89.7/91.5）
1940年7月25日生まれ

■ 1995年1月27日　福島地裁（井野場明子）にて死刑判決
■ 1998年3月17日　仙台高裁（泉山禎治）にて死刑判決
■ 2004年6月25日　最高裁（北川弘治）にて上告棄却、死刑確定
■ 殺人の被害者2人で3人に死刑判決。再審請求中。

「健康状態についての説明」
　現在、はっきりしている病名は
1．じん肺
2．座骨神経痛
3．レントゲン撮影で左の肺が写っていません。
　　レントゲンを見た時に、医者に説明を求めましたが、笑って説明しませんでした。
　　現在、左の胸を指で軽く押さえても痛みを感じます。
4．レントゲン撮影後の、2日後に医務からのお声で、担当さんが今からレントゲン撮りに行くから、と。急な事なので、不審感を抱きながら、レントゲンを撮りに行った。2時間程で医務からのお呼びがあり、医務へ行って、レントゲンを見せられた処、健康状態のレントゲン写真だったので、私が医者に訊ねました。
　　「先生、この前見たレントゲンは、左の肺が写っていなかったのに、どうして写っているのですか？」と訊ねたら、
　　「そんなレントゲンは、見せていない…」
　　上記の応えが戻って来たので、医者が信用出来なくなり、それから医務へ行きませんが、胃薬と座骨神経痛の薬だけは、服用しています。社会の誰かが立会い人になってレントゲンを撮れば、はっきりする事です。

「今後診察を受けたい」（不安なこと）
　1．医者が、どうして真っ向から正直に、レントゲンに付いて説明しないのか医者が信用出来なくなったので、今後診察は受けません。

「獄中生活で、一番苦しいこと、つらいことはなんですか」
（1）頭上にある「カメラ」は勿論の事ですが、現在私は3階にいます。運

動場は、4坪程のネズミ捕りのような作りの中で、グルグル回るだけです。
（2）3階から、1階に降りる時はなんとも感じませんが……1階から、3階へ階段を上がる時、息切れがするので、今年になってから一回も、運動に参加していません。私に取ってつらい事は、運動に参加出来ないことです。

「新法施行に伴う昨年6月からの処遇の変化で、よくなったことはありますか。」

　驚く程の、処遇の変化です。今年のオリンピックも、15日間テレビ鑑賞が出来ました。また今年の夏季の処遇は、見たこともない飲料水が、数回 出ました。その他に、トイレ側の廊下に小さな持ち歩きの出来る花壇を吊るし、とてもキレイな花を、現在も見ています。トイレに立った時に、花を見ると心が和み感謝しています。

　私達、確定囚は新聞を無料で読む事が出来ます。読む時間は15分ですが、とても助かっています。知らない事を新聞で知る事が出来ます。

　15日の読売新聞の朝刊に3名の執行が掲載されていました。
　　　東拘の、宮﨑勤さん、平野勇さん
　　　大阪の、山本峰照さん
　3名の方の冥福を、心よりお祈り致します。

熊谷昭孝（65歳　仙台拘置所）

警察庁指定118号事件（1986.7／89.7／91.5）
1943年2月10日生まれ
1995年1月27日　福島地裁（井野場明子）にて死刑判決
1998年3月17日　仙台高裁（泉山禎治）にて死刑判決
2004年6月25日　最高裁（北川弘治）にて上告棄却、死刑確定
殺人の被害者2人で3人に死刑判決。再審請求中。

（獄中生活で楽しいこと）ビデオ、教誨受講の法話
（獄中生活で苦しいこと）過去には、諸々、有りましたが、今現在は、随分改善され、あまり有りません。

岡本啓三（50歳　大阪拘置所）

コスモ・リサーチ殺人事件（1988.1.29）
1958年9月3日生まれ
1995年3月23日　大阪地裁（谷村充祐）にて死刑判決
1999年3月5日　大阪高裁（西田元彦）にて死刑判決
2004年9月13日　最高裁（福田博）にて上告棄却、死刑確定
旧姓河村。著書に『こんな僕でも生きていていいの』インパクト出版会、06年、『生きる――大阪拘置所・死刑囚房から』インパクト出版会、08年がある。再審請求中。

はじめに

　このたびのアンケート用紙を受け取り、さて何を書こうか困ったなと思ったのが正直なところです。つまり、200字程度では、とうていまとめられないからです。ですから悩みました。なぜ悩むのかといえば、書きたいことが山のようにあるからです。

　その一例として、未決のときに被害者遺族からいただいた私や母、弁護人への手紙のこと。そして、私の行く末を案じて死んでいった両親のことや、二度と逢うことはないと思っていた実の娘との17年ぶりの再会で、私の心の中に虹が掛かったこと。仏道に帰依して命の尊さに気づいたことなど、書きたいことがたくさんありました。

　だけれども、今回の企画は「死刑囚からあなたへ」ということなので、一般市民のみなさんに一番わかっていただかないといけないのは何かといえば、マスコミのあり方だと思います。ですから、その点を聴いていただきたい所存でございます。

　現在、日本で行われている死刑には賛否両論があります。否、このごろでは、死刑支持率が8割近くもあると言われているようです。そこにあるのは、現社会の厳罰化傾向が背景にあります。こうしたことから、死刑判決や執行が急激に増加し始めました。

　なぜこういった現象が起きるのか。それは、メディアが被害者意識を煽るからであります。たとえば、

　〈人をこのようにした人は、やはり死刑にされるのが当たり前ではないでしょうか。どう思いますか……〉

このように、メディアが感情に訴えるやり方をすれば、
〈こんなことをやった人は殺すべき──〉
と強く感じる人が多くなるはずです。

ここで話しているのは、感情ということです。すべてを感情的に片付けるのなら、死刑を存続させるべきかも知れません。つまり、殺人犯を殺す理由付けができるからです。

端的に言って、メディアが被害者遺族の「犯人を殺したい。死刑にしてほしい」といった気持を代弁する。こうしたことを、テレビや雑誌等でセンセーショナルに煽られると、それを観たり読んだりした人は、遺族側へ感情移入してしまう。

これはある意味で大変恐ろしいことなんです。言うまでもありませんが、これが死刑囚を増加させている原因でもあります。現に、大阪拘置所も私が確定したころよりも死刑囚が倍になっており、私の確定後、大拘で9名が処刑されました。

そこで、一般市民が近年感じている「日本の治安は悪くなった。犯罪はますます増え、凶悪化している」というイメージは、マスコミがつくり出したことであって事実とは随分違うということを、はっきりと見極めてほしいのであります。

2008年2月、警察庁から昨年の殺人事件の認知件数が1199件で、戦後最低であったことが発表されました。去年だけが少なかったのではなくて、ずっとこの数字は下がり続けています。これは認知数ですから、殺人予備・未遂も含まれている数字です。

それで実際に殺人の被害にあわれた方は、600人台だったそうです。そして、その中で一番多いのは心中によるものです。いわゆる、一般市民がいう凶悪事件はもっと少ないということです。

また刑法犯罪全体も少なくなっていますし、少年による殺人および殺人未遂事件も、ピークであった昭和30年代からみますと、最近では7分の1くらいになっています。それでも多くの方の命が奪われ、たくさんの悲しみと被害があるのも事実です。

いずれにしても、実社会ではマスコミが危機感を煽り立てる報道にかなり影響されています。マスコミが意図的に煽るということだけでなく、そうした取り上げ方をしたほうが、視聴率も発行部数ものびるからだという点も忘

れてはなりません。

　つまり、刺激的で偏った報道を好む一般市民がそこに多くいるからです。

　裁判員制度の始まりを前に、マスコミが煽る感情に惑わされないでほしい。警察庁のホームページにも犯罪は少なくなっていると、こうした点は出ているのですから、市民もしっかり勉強をして、自分の偏りに気づいてほしいと思います。

　とにもかくにもマスコミは、「実は殺人事件の件数は戦後最低ですよ」とは絶対にアナウンスしない。それを報道しないで、市民に不安を煽ったほうが先にも述べたように、視聴率が上がるからなんです。

　こうしたことで視聴率は上がるかも知れませんが、その先には死刑になってしまう人がいることも考えてほしい。以前なら無期懲役ですんでいた人が、死刑を適用されるケースも出てきているのです。

　そもそも一般市民にとっての死刑とは何かを問うたときに、

　「生命を保護するために、生命を奪うこと──」

が死刑なんだと、きちんと答えられる人はどのくらいいるのでしょうか……。私はそこが知りたい。

　──マスコミが作る現社会の死刑とは、すなわち感情論であり、応報刑主義。見せしめなんです。

　死刑囚の立場である私などが思うには、そうではなくて、人間は変わりうるのだということを、もっと知ってほしいのです。死刑囚の中には心の底から反省している人もいます。確かに全然反省していない人もいます。

　そこで、神や仏は心底反省する人には慈悲を与えて赦すことを教えています。しかしながら、国家という制度になると、反省しているのがわかっていても赦すことはしません。国家は、殺すことを選択します。

　国家というものは、神仏の上にあるのでしょうか……。死刑制度も含めて、すべての制度は、国家も一つの制度ですが、人間によって作られた制度です。何かが制度化されると、その責任は誰も感じないようです。私の理解では、死刑の責任はこの制度を支持する国民にあると思います。

　このようにして、人間の作った制度は人間なしに自動的に動いているようですが、しかしこの制度に直接に協力する人がいなければ、この制度は自動的に動きません。とにかく、反省している人であるならば、神仏はそんな人を赦してあげるのに、なぜ人は赦すことはできないのでしょうか……。かく

して、社会の中で一人の人間が死刑によって殺されてゆくのです。死刑は外形的には国家の殺人なのです。

　それでも罪を償うためならば、私は喜んで死にます。私にはもう帰る家もありません。ここが終のすみかなのです。

　死刑囚は、死ぬために生きているのです。ですから死ぬための準備、心構えもしなくてはいけません。一般市民の人は、死ぬために生きることなどあまり想像がつかないと思います。

　しかし、死刑囚は一瞬一瞬を本当に大事に生きています。死刑囚は、一人一派で死ぬために生きているのです。　　　　　　　　　（2008年9月1日）

間中博巳（40歳　東京拘置所）

同級生2人殺人事件（1989.8／9.13）
1967年12月6日生まれ
1994年7月6日　水戸地裁下妻支部（小田部米彦）にて死刑判決
2001年5月1日　東京高裁（河辺義正）にて死刑判決
2005年1月27日　最高裁（才口千晴）にて上告棄却、死刑確定

獄中生活で一番楽しいこと、うれしいことはなんですか。
（1）外部交通権のある人が面会や手紙を下さったときに、とてもうれしく、ありがたいなという気持ちになります。
（2）みずしらずの人が面会に来て下さり、私と面会できなくても、交通権の制限をされていますので、そうやって、行動をおこして下さる姿をみて"もし私だったら、だれかのためにこの人と同じように行動をおこせただろうか"と考えて、私にはできないなと、答えが出たときにその人のありがたさが身にしみて強くかんじ、本当にうれしくなります。　私は再審をしていませんから（註）、毎日がビクビク、ドキドキで、気持がおちつけないのですが、でも同時に、生きるということはとてもつらいことだけれども、生かしてもらえて、とてもありがたく感じています。生きているのは、あたりまえのことではなく、多くの人の気づかいによって生かされているということを、毎日のように感じております。
（3）自分が"生きたい"と思うたびに、被害者の顔が思い浮かびます。被

害者は私以上に生きたいと思っていたはずです。まだまだ生きられる命をうばってしまい、何とおわびしてよいのか言葉がみつかりません。ですから、どんな形でも生きられることに、ありがたさと申しわけなさを強くかんじます。

　獄中生活で一番苦しいこと、つらいことはなんですか。
（１）たたみ４枚分位の広さの個室に入れられて、今年でもうすぐ19年目になりますが、いつも思うのは家族のことです。
　家族のおかれた状況を考えると、本当に申しわけない気持ちで一杯になります。
　そして、家族のことを考えていると、自然と被害者やご遺族のことも思い出します。私はそこのご子息の命をうばってしまいました。
　自分の子供には親よりも長生きしてもらいたいと思うのが親ごころ。
　被害者のご遺族（特にご両親は）には、気持ちがはれる日は一日もないと思います。
　私だけでなく、ご遺族に対しても、重い十字架を背おわせてしまったんだと思うと、私のした行為は本当にえげつなく、救いようのない極悪なことをしてしまったんだと、本当に申し訳ない気持ちになります。
　このさき、ただ処刑をされるだけでいいんだろうか。
　何か、世の中のためになるようなことをしてから、それで処刑をされたい。そのように思っています。

　（註）本稿執筆後の2008年11月、再審請求を申し立てた。

宮前一明（48歳　東京拘置所）

坂本弁護士一家殺人事件等（1989.11.4他）
1960年10月８日生まれ
1998年10月23日　東京地裁（山室恵）にて死刑判決
2001年12月13日　東京高裁（河辺義正）にて死刑判決
2005年４月７日　最高裁（島田仁郎）にて上告棄却、死刑確定
旧姓佐伯→岡崎。自首は認めたが減刑せず。再審請求中。

フォーラムに集まる皆様方は既に死刑囚に付いて、ご存じの筈です。しかし、殆どの日本人は、その実体と刑事施設内の真実を知りません。マスコミの一方的な情報ゆえ、歪んだ偏見を意図的に植え付けられるばかり。刑務官の方々は日々苦しみ、悩み、そして殺人である処刑を避けたいのです。
　感情的に犯罪者を切り捨てる前に、事件に付いて、何故？　どうして？　と追求されときには 自問も必要です。そして死刑囚も、この世に生まれたときは真っ白な仏であったと。生まれたときから悪魔（のような人間）ではありません。皆、同じ人間です。全ては 環境であり、人と人との仏縁に拠って、偉人にもなり、死刑囚にもなるのです。一日も早く、成熟した人間社会に近づき、少なくとも欧州諸国の如く、マスコミに左右されぬよう、自分の眼と耳で確かめて、真実を知り、公平感覚を身に付け、慈悲ある賢い日本民族になってほしいと希求し、心から祈念いたします。生意気なことを申しました。済みません。

西川正勝（52歳　大阪拘置所）

警察庁指定119号事件（1991.11.13～92.1.5）
1956年1月14日生まれ
1995年9月12日　大阪地裁（松本芳希）にて死刑判決
2001年6月20日　大阪高裁（河上元康）にて死刑判決
2005年6月7日　最高裁（浜田邦夫）にて上告棄却、死刑確定
強盗殺人は否認、強盗殺人未遂は殺意を否認。再審請求中。

　検事側の証人を引っ張り出して弁護側が尋問をして、証人はコロコロと話が変わり、全く信用が出来ない。私の支援者も傍聴して全く信用が出来ないと言っているのに、プロの裁判官は何十年も人を裁いてきているのに分らない筈がありません。それなのに検事側の証人を全面的に聞いて、弁護側の主張を聞いてくれない点に怒りを覚え、納得がいかないので戦っている。4件の内1件は認めているので、被害者・遺族には心の底から申し訳なく、毎日、朝夕冥福を祈っています。

鎌田安利（68歳　大阪拘置所）

警察庁指定122号事件、5人女性連続殺人（1985〜94）
1940年7月10日生まれ
1999年3月24日　大阪地裁（横田伸之）にて死刑判決
2001年3月27日　大阪高裁（福島裕）にて死刑判決
2005年7月8日　最高裁（福田博）にて上告棄却、死刑確定
2件に分けてそれぞれに死刑判決。無罪を主張。再審請求中。

　国は法律で殺人を禁じていますよね。なのに国は死刑執行をやっている…。死刑の執行は明確な殺人行為だと…僕には思えてなりません。
　警察官が書く供述調書というものは、こいつを犯人にしようとの意図を持って懸命に綴られた作文なのですよ。その作文を更に漫画にしたのが検察官の調書といえるでしょう。
　法廷で、警察や検察で話したことは真実でないといくら言っても裁判官は聞く耳を持たないのです。とにかく、供述調書を作成するとき、公正中立な第三機関が立会いするようにでもしなければ、正しい裁判や判決は望めません。
（2008年8月7日）

上田宜範（54歳　大阪拘置所）

愛犬家5人連続殺人事件（1992〜93）
1998年3月20日　大阪地裁（湯川哲嗣）にて死刑判決
2001年3月15日　大阪高裁（栗原宏武）にて死刑判決
2005年12月15日　最高裁（横尾和子）にて上告棄却、死刑確定
無実を主張。再審請求中。

　大阪拘置所在監・松本健次死刑囚（35ページ参照）はえん罪であり、早急に弁護団を結成すべきである。松健氏は知能が低く（決して差別表現ではない）、取調べで自供を強要された節があり、大阪拘置所の調査で、知能が低いから、取調べで丸めこまれたのであろう、死体遺棄は手伝ったかも知れないが、殺人についてはやっていないと結論が出ており、その旨が法務省へも報告され、法務省も同じ見解を示している。松健氏を救って上げて下さい。

（恩赦出願について）しない。無実の者に恩赦出願の必要はない。
（処遇の変化で悪くなったことはありますか）以前より、保身に走る職員（統括以上の階級）が多く、融通がきかなくなった。

田中毅彦（45歳　大阪拘置所）

右翼幹部らと2人殺人事件（1992.2／94.4）
1963年7月13日生まれ
2000年3月16日　大阪地裁（古川博）にて無期懲役判決
2001年12月25日　大阪高裁（池田真一）にて死刑判決
2006年2月14日　最高裁（上田豊三）にて上告棄却、死刑確定
一審は無期懲役判決。旧姓久堀。

　たとえ友人であっても、悪行を持ち掛けられたら、すぐ離れて下さい。難しければ逃げて下さい。誰も笑いません。善悪の基準は、自分がされて嬉しいのか嫌なのか、それを相手の立場になって考えれば、すぐ判ります。
　それが出来なかった者から伝えられる事は「後悔先に立たず」です。こんな苦しみや悲しみ、そして恐怖心は体験しないで済むよう心掛けて下さい。

　現在私は、肉類魚介類卵類が、味覚嗅覚的にも、そして信仰上の理由もあって食べられません。尋ねたところ、宗教食は1種類で、豚肉がダメで代わりに魚が出る献立のみだそうです。精進食というのはないそうです。
　現在収容されている人で、体質的又は信仰上の理由で、それらを食べる人はいないそうです。施設の都合上、精進食は私一人相手の特別食になるため無理だとの回答がありました。
　中で購入できるお菓子類は甘いものばかりなので、つらく、それで主食の代わりになるような、例えば以前購入が出来たクラッカーや柿の種などの購入の要望もしました。これについては、現場職員が奔走してくれていて、少しでもマシになるように動いてくれていますので、改善されるようにも思います。
　刑務所の方では、何十種類もの宗教食があると以前新聞で読みましたが、拘置所はこのような状態です。後々入所する人の中には、体質的な又は宗教

上の理由で食べられるものが限定される人が必ず出てくると思います。
　お腹がすいても食べられないことがなくなるよう改善されることを心から願っております。

山口益生（58歳　名古屋拘置所）

古美術商ら2人殺人事件（1994.3〜95.3）
1949年11月16日生まれ
1997年3月28日　　津地裁四日市支部（柄多貞介）にて死刑判決
1997年9月25日　　名古屋高裁（土川孝二）にて死刑判決破棄差戻し
1999年6月23日　　津地裁差戻審（柴田秀樹）にて無期懲役判決
2001年6月14日　　名古屋高裁（小島裕史）にて死刑判決
2006年2月24日　　最高裁（今井功）にて上告棄却、死刑確定
共犯の元被告は、02年、上告中に病死。第1次名古屋高裁判決は、利害の反する2人の被告に1人の弁護人では訴訟手続上不備として、支部判決を破棄、差戻審は無期判決。その後第2次名古屋高裁判決で2人に死刑判決。再審請求中。

「現在も感じていること」
　名拘の悪処遇、伝統的な一つのパターンとしては、硬直化した教条主義的職員が複数居て、それが名拘規則にあるという（？）制限事由に過剰反応し、被収容者に対し必要以上の制限を課す場合が応々にしてあります。
　このような場合、関係幹部に教示願い、又は面接願いを提出して不服申立をするのですが、二〜四年で異動を繰り返している無責任な幹部は、現場の実状及び当該職員の資質など知ろうともせず、（明らかに社会通念にも反する）理不尽な制限を黙認あるいは追認し、申立てた被収容者に対して従順を（暗に）強要するのです。
　他の職員は（幹部がこの有様ですから）同様に見て見ぬふりをします。なかには倫理観と常識を持った職員も居るのですが、声を挙げる環境ではありません。
　幹部が黙認あるいは追認する理由としては、（自分が何も知らないことを棚に上げ）職員の積極的意欲を否定したり修正すると、「職員がやる気を失くす。ひいては言うこと（指示等）をきかなくなる」という考え方から発しているらしいのですが、これでは、被収容者がいくら「苦情の申出」をして

も、聞き入れられるはずはなく、又いささかの検討検証も行うはずもなく、従って、職員の意識改革をはじめとする新法施行の趣旨等の自浄作用は、望むべくもありません。

よって、交通を制限され、各「苦情の申出」の効果に疑問を持つ卑少な確定者としては、（身の丈以上の能力を使い）提訴するしか術がないのが現状です。

過剰な制限が総て「拘置所裁量」というのなら、被収容者は泣き寝入りするより他なく、そうなると、また第二、第三の「名刑事件、徳島刑事件」が起きそうな気配もします。取り敢えず現係争中の国賠訴訟、がんばるつもりです。今後とも、よろしく御願い致します。

■ 向井義己（64歳　名古屋拘置所）

静岡、愛知2女性殺人事件（1996.8/97.9）
1944年1月31日生まれ
2000年7月19日　名古屋地裁（山本哲一）にて死刑判決
2002年2月28日　名古屋高裁（堀内信明）にて死刑判決
2006年3月2日　最高裁（横尾和子）にて上告棄却、死刑確定
静岡の事件は否認。旧姓豊田。

今、私が一番訴えたい事、事件の真実を調べてほしいのです。
（1）Nに対する、強盗殺人事件は私ではありません。大道寺幸子基金応募作品「陥穽」に書いた通りです。
（2）もう1件のスナックのママ殺しの事件は、借りたお金の利息、月5％という約束が、2ヶ月後に呼び出され、行ってみると、ママが利息の事だけど、10日に1割にしようよ、と言うのです。私は、それでは約束が違います、と言うと、ママが、いやならいいよ、あそこに居るの、何だか分る、と言って、見ると、ヤクザ者4人位が、私を見ている。そして、ママが、今から重い物もって海に入るかね、イナバシ一家の若い者が、手伝ってくれるよ！…と言われ、私は殺されると思い、ハイ、分りました。10日で1割にします、と言って帰り、共犯であるDに話すと、Dは婆さん一人なら楽だよ、やっちゃえば（殺す事）いいよ、と言われ、殺してしまったのです。この時は、助

かりたい一心で、自分の事しか考えなかった事、申し訳ない事をしたと思います。しかし、刑事は、ママさんにはヤクザ者などついとらん、真白な人だ、と言って、私を殴り、話を聞かなかった。しかし、後日、ママさんの息子が出廷した時に、ヤクザ者との繋がりがあった事を、自分から話しております。
（3）名古屋拘置所内における事件。

　警察署にいた時、冬が寒く、警察官に安いメリヤス、上下（1組ベージュ色）を買って来てもらったのですが、その後、名拘に来てからも、8年間着て来たのですが、とうとう又下が破れ、安物のせいか、ズボン下の足の方が、左右の長さが10cm位違う。この頃、向井夫婦との出会いがあり、衣類を頂いたのです。新品のメリヤス、上下（白）2組も有ったので、この古いメリヤス、上下、お世話に成ったけど廃棄しよう、でも今迄着ていた物を洗わずに廃棄しても良いものか！と思い、当時の担当職員（KU看守部長）に、このメリヤス上下を見せて、足の方の長さも違うし破れて来た事も見せて、洗ってから廃棄ですか！と聞くと、先生は、よく使い込んだな、このままでいいよ、と言われたので、廃棄願箋を付けて出し、同時に、領置してある頂き物のメリヤス、上下、白、2組の内、1組を、仮り出し願箋に書いて申し出たのです（月曜日）。すると、2〜3日後に、担当さんが、ハイ、仮り出し物が来たよと言って、入れてくれたのです!!!　私は、見てびっくり、廃棄したメリヤス上下、1組が戻って来たのです。私はすぐ、担当さんに、先生、見て下さい、月曜日に先生に見せて廃棄したメリヤスが、新品のメリヤスの仮り出し物として戻って来た！と言うと、先生も、アッ、これは廃棄した物だろう！なんで！　一寸待ってくれ、何かの間違いだよ、すぐ領置課に連絡するから、と言って、しばらくすると、領置課の看守部長と、I看守さんが舎房に来て、ドアーを開け、目玉をギョロッとさせて睨み、ハイ、出て来い、と言うので、出て行くと、面接室のような部屋に入り、この部長の第一声、俺は何も悪い事はやっとらん、と怒鳴るのです。だから、私は、皆さんが悪い事をしたと言ってはおりません、廃棄した物が、私の出した領置品仮り出しで又戻って来たから、何かの間違いではないですか！　と申し出たのです、今、仮り出しで入って来たこのメリヤス上下は、8年間使った古い物であり、ズボン下の足が左右長さが違い、又下も破れているから、担当さんに見せてから廃棄にしたのですが、なぜ、差入れて頂いた白いメリヤス上下、2組の内の1組が、仮り出しで私の処に入らないのですか！と言うと、この部長、

さらに怒り出して、机の上にあったこの古いメリヤス上下のズボン下を持ち、上の部分と、下の足首の部分のメリヤスを持って左右に引っ張り、みろ、長さは同じだ、と言う……先生、衣類は引っ張ったら伸びますよ、と言うと、同じだ、と怒鳴るのです。……話にならん、と思ったけど、先生、このメリヤスはベージュ色でしょ、私が仮り出しを申し出たのは、新品の白いメリヤス上下、2組の内の1組ですよ、と言うと、部長は気違いの様に怒り、名拘ではこれを白と言うのだ、と怒鳴るので、私は、私物領置品のファイルを出して、先生、見て下さい、この古いメリヤス上下は、色ベージュと記録されており、差入れられた2組のメリヤス上下は、白と記録されていますね、これは、差入れられた時、現物と伝票も、私は見ております、数も合っておりますよと言うと、部長は、この2組の白のメリヤス上下は無いと言うのです。なぜですかと言うと、部長が怒って、1組は、お前が先日、廃棄した、もう1組は、今日、仮り出して入った、このメリヤスだ、と怒鳴るだけです、私は、先日、廃棄願箋を出した、その願箋を見せて下さい、と言うと、怒って、そんな物はもうない、と怒鳴るだけであり、気違いと話をしているようなので、やめたのです。が、後日、他の職員に話したら、そんな事が有ったのか！　一寸、調べて見るから黙っているようにと言って、……後日、この職員さんが、分ったけどなあー、俺の立場もあるのだよ、同じ職員だしな……私は、先生の名前は、絶対出しませんから心配しないで下さい、と言うと、……当日、月曜日だったな、廃棄願箋もあった、この時の主任の印が押してあった、悪い事は出来んなあ、無いのは新品の白のメリヤス2組だろ、などと、犯人迄、話してくれたのです。他に知っていた者が居たのです。この頃です、何回も面接を申し出て、話をしたのが、F第二統括課長だったのです。薬の件で、K看守部長と他の職員の件も、……ゴミ回収の看守長の件などなど、話したのです。あいそよく話し合ったのです。そして、Fは、よく話してくれた、しかし、この事を当職員に注意などすると、又、君にどんな仕返しがくるか分らんから言わずにおく、君の話は聞き置く、と言われたのです。全く理解出来ないと思ったのです。　この様な時に、Fが私の部屋に来て、一言、大声で、「君は、詭弁者だよ、オー、君は詭弁者だ、終り」と言って、ドアーをバタンと閉めて行ってしまったのです。突然の事で私は驚いたのですが、……詭弁者とは何事だと思い、すぐ面接願いを出して、面接すると、Fは、私が何を言っても、お前が悪い、お前が悪いしか言わない。衣類の紛

失に付いて話すと、最後に、窃盗罪みたいなものは１ヶ月で時効だ、終り、と言って、ドアーをバタンと閉めて行ってしまったのです。

　今年の５月12日、月曜日、朝食直後、私の部屋の前に看守４～５人が立ちドアーを開けて、何も言わずに、ジーッと私を見ている。私が、なんですか！と聞く、看守、誰れも無言、無表情で私を見ている、いやな気持ちになり……もう一度、なんですか！と聞く……又、看守達は、無表情で、何も答えない。この時、私は、来た、死刑執行……だ、と思った。不思議と冷静だった。この時、私は思った、私はNを殺してはいない、でも、Nの処に行ける、真実はNが一番よく知っている、誰れに殺されたのか。Nは、私にゴメンネと言って、抱きついてくるだろう、よし、Nの処に行こう、と思った。……そして、もう一度、大きい声で、「なんですか！」と聞くと、看守４～５人がドッと大笑いして、総検だ、部屋の検査をするから、スリッパを持って出て来いと言う……これが名拘の職員達の現実の姿なのです。

　今、このような中で生きております。神様、主イエス様に誓って、Nを、殺してはおりません、助けて下さい。

山本峰照（享年68歳）　　　　　**2008年9月11日、死刑執行**

老夫婦強盗殺人事件（2004.7.22）
1940年4月2日生まれ
2006年3月20日　神戸地裁（笹野明義）にて死刑判決
2006年3月21日　控訴取下げ
2008年9月11日　大阪拘置所にて死刑執行
公判前整理手続きが適用され４回の公判で死刑判決。弁護人が控訴したが、翌日本人が取り下げ。４月４日に確定。

福島みずほ様
　わだわだアンケイ用紙を送って下さいましたが、お力ぞえにならず気を悪くなさらないで下さい。裁判の時は判決で死刑　私は死刑にして下さいといいましたが、弁護士がこおその手続をしましたが、私しはその日に取下をし死刑にせんねんしました。死刑が確定すれば半年以内で処刑され

ると聞いていましたので、それが約4年になりますが、一行にそんなそぶりも有りませんので、私しも困っています。

　私しの書いた事とアンケイトとは関係は有りませんが、福島みずほ様のお力で法務省のほうに年内まぜの間いだにどおか処刑出来ますように法務大臣にお力ぞえをよろしくお願いします。毎日　一日でも早くお告がくるように私は手を合せて、お告のくる事を心まちにしています。どおか福島みずほ様　どおかよろしくお願いします。

高橋和利（74歳　東京拘置所）

横浜金融業夫婦殺人事件（1988.6.20）
1934年4月28日生まれ
1995年9月7日　横浜地裁（上田誠治）にて死刑判決
2002年10月30日　東京高裁（中西武夫）にて死刑判決
2006年3月28日　最高裁（堀籠幸男）にて上告棄却、死刑確定
無罪を主張。「死刑から高橋和利さんを取り戻す会」の会報がある。再審請求中。

　弁護団は、一審の時に着手金をお支払いしたのみで、二審、三審、そして再審の現在まで無報酬で支援していただいております。冤罪・鶴見事件です。

川村幸也（享年44歳）　　2009年1月29日、死刑執行

２女性ドラム缶焼殺事件（2000.4.4）
1964年3月23日生まれ
2002年2月21日　名古屋地裁（片山俊雄）にて死刑判決
2003年3月12日　名古屋高裁（川原誠）にて死刑判決
2006年6月9日　最高裁（今井功）にて上告棄却、死刑確定
2008年7月　再審請求、同年12月棄却
2009年1月29日、名古屋拘置所にて死刑執行
6人共犯中2名は無期懲役（4人に死刑求刑）。

　私は、名古屋拘置所に在所する死刑囚であります。前に、アンケート用紙を送っていただいたのですが、返事も出しませんでした。
　私には私の考えが有り、死刑を受け入れていますので、答える事のできない者だからです。
　今回遅れながらも、自分の想い、気持ち等々を知っていただき、少しでも何かの役にたてばと思っています。
　ここまで読んでいただければ、解かると思いますが、私は無学、文盲者ですので意味不明や繰り返しやム盾する事もありますが、真実を書いていますので、お許し下さい。

　私達の犯した事件は、生きた2人方を焼き殺すという最悪な事でした。
　裁判上は警察と首謀者との取り引きにより、私と共犯、野村氏が主犯格、他4人は従犯となりました。
　真実は共犯の父親であるY組系K組相談役で有るK氏と若い衆のT氏の命令を野村氏が受け、手形の回収及び殺人になったのです。
　が、野村の父親と金銭を受けとった警察により、私を主犯で死刑にし、息子である野村には死刑にしないととり決め、私達は出頭し、裁判になりました。
　真実を話そうが調書には書いてもらえず、大切な部分でも「ここをこうしとかんと何も信じてもらえんぞ」「もう後手後手になっとるで何を言っても遅い」等々有り、作られた作文通りになっていきました。
　私は出頭する前から、K関係者に弱みをにぎられていましたから、警察

の言う通りに調書を作られ、最初は否認し、刑事の言う通りにと。ですが検察官の「フィリピン人の奥さんや子供は守ってやる」との言葉が調書を作るサインだと想い、話す前に弁護士接見させてもらい、先生と「死刑になる事は受け入れます、償います。ただ真実だけをはっきりさせて下さい」と約束し、話しだしたのですが、検察も警察の言う通りしか調書は作っていただけませんでした。

　私が主犯説です。が弁護士先生が頑張っていただいた為、野村氏と私の死刑になりました。死刑判決に付いては当然でありなっとくしています。

　が事実認定に付いては一切なっとく行きません。

　H20.7.24に再審請求したのですが、H20.12.18に再審請求が棄却となりました。

　今回は共犯野村氏から私の弁護士宛に事件の真実、実父やTからの命令で行ったと、また、川村（私）は主犯でない事、出頭前に警察と暴力団との取り引きがあった事。

　又、私の弁護士に対し警察に提出して欲しいと告発文や書類が有りました。

　内容は他の3件の殺人。

　保険金搾取の為の殺人、それも全て父親やTによる命令で有り、K組の資金元になっていた事などです。

　拘置所に刑事が取り調べに来たそうです。それも当時、金銭取り引きした者の部下です。2000年事件時、事件の指揮権をもち、今なおその事実をもみけす事のできる人。

　私の生命はそんなに軽いのですか。
　他の事件で殺された人達の事を消してしまっていいのでしょうか。
　死刑になるのだからこそ真実は大切なのではないでしょうか。
　警察が事件を消したり、作ったり、これでよいのでしょうか。
　私が死刑になった時、自分のした事しか背負えません。
　それに私はまだいいですが、子供達にまで背負わせてしまいます。
　死刑は本人だけが背負ってはいけないのでしょうか。
　最近は執行後、氏名、罪状も当日に流れます。
　それは残された子供達にとって、苦しい想い、未来を奪う事になりませ

んか。
　子供には罪はないのです。
　私が悪いから今があるのですが、私も血のかよった親です。
　子供達の将来も考え、発表だけは止めて欲しいです。
　少し話がそれました。

　今でも首謀者は社会にいます。
　資金元の為、まだまだ殺人を犯していき続けるでしょう。悪質な手口で何人も殺されていくでしょう。
　今、逮捕できるのに、警察は過去を恐れ、また、司法も正義をみせる事なく、くさいものにはふたをするでしょう。
　ちなみに、H20.11.29期日で意見書を提出せよとありましたので提出しました。
　結果、12.18に棄却です。
　何をどう読んだのでしょう。
　死刑判決のでた、いや確定した事件の再審請求ですよ。
　真実で死刑となりたいです。

　私は想うのです、私の死刑執行をビデオにとり、検事、裁判官、司法にかかわる人に、死刑とはどんなものなのか、みて、考えて欲しく思います。人が人の生命を奪う事、苦しみを、どんな事であれ、人を殺す苦しみを解かって欲しいのです。
　司法は人を裁くのです、正義であり最後まで知っているべきなのです。

事件に付いて
・今も首謀者達は社会で生活しています。次々と保険金殺人は続いているでしょう。今、共犯が提出した書類を、なぜ、なかった事に警察、司法はするのでしょうか。
　他の殺人を認めても、消したり、先に進まないのでしょう。
・真実より大切なものが司法にはあるのでしょうか。公正、公平ではないのでしょうか。

今

　全日、苦しみが続いています。昨年暮れ、姉から久し振りにはがきが届き、社会での家族・身内の苦しみが読みとれました。
　私は、ずっと死刑を受け入れ、生きたいとは考えたりクチにも出してはいけないと、自分に何度も言い聞かせ、早く死刑になる事が子供に対して少しでも償なえる事と考えました。子供達がまだ小さい内に執行されればそれが一番いいのでは、と、ずっと考えていましたが、現実には社会では、死刑囚の子供である事で、イジメも有り、学校側は止めて欲しいとの考えが有るそうです。
　もし、死刑が執行されれば、みる事はできない、と言われています。
　長男は中学生、次男は小学３年生、まだ自分で考えのりきれていける年レイではありません。もう少し大人になるまでは生きたいと、今、深く思います。
　死刑を受け入れても、生きたいと思う事は別であると、やっと考えました。
　今はもう少し生きたいのです。
　人に何と言われても、生きる努力をしていきたいと願います。

・福島先生はどう思いますか。
・現在の死刑執行後の法務大臣の発表を、又、死刑囚の家族、特に子供達について。
　私を主犯、死刑にし終らし、首謀者が逮捕されないように暴力団と警察が金銭で取り引きしたり、又、確定後にクチをつぐんでた共犯が真実を話しても、今だに首謀者は社会にいます。
・共犯が、警察にフィリピンでの殺人事件を告発後、一ヶ月したら、なぜか岐阜の裏社会の人達が数名フィリピンで殺害されました。なぜこんなに早く消す事ができたのでしょうか。
・私は真実で裁かれたいのです。
　力をおかし下さい。お願いします。
・今、弁護士から一切連絡もなくなりました。仮に抗告して下さってなければいつ執行されるかもわかりません。
　現実に面会があるのはシスターだけです。姉も年に１回、はがきが届く

ぐらいです。
・今は作業をし、日用品を購入し生活しています。他に収入は有りませんので、今後弁護人をやとう事もできませんので、次は私の執行ではと考えています。
・身体に付いて
　私は少年時事故で右足が義足です。名拘に来てからは頸椎症になりました。5年以上肩コリと言われていましたが、肩や首の痛み、左腕が動かない等々有り、やっと外の病院にMRIに行き頸椎症と解かりましたが、今はかなり悪化していますが、外の病院には行けませんし……そのままです。
　昨年暮れの胃検査（バリュウム）で、引っかかり、昨日、胃カメラ検査を受けるか聞かれ、来週中には胃カメラ検査をしています。
・昨年あった法改正に付いて
　私の立場の者については改悪としか言えません。領置品、特に差入品の数規制はひどく、支援者や面会の数多く有る人に対しては改善の部分もありますが、私のようにお金もなく面会人の無いに近い者には何ともなりません。
　ただでさえ少ない交通権のある人に迷惑をかけてしまい、一段と孤立してしまい、執行されやすい人になります。
　同じ立場の中にも、上、下ができます。
　お金の有る人、無い人。
　支援の有る人、無い人。
　色々です。
　現在の所長になってからは、死刑囚にはきびしくなっています。週一回居室検査や膳板引き上げ等々つらいです。

・色々と書きましたが、お返事いただけたらと思っています。
　先生の活動の役にたてたらと思います。議員とし、弁護士とし、意見を聞かせていただけたら嬉しく思います。
・ご健康のほどお祈り申しあげます。
2009.1.12
福島みずほ様

川村幸也

佐藤哲也（享年39歳）　　2009年1月29日、死刑執行

2女性ドラム缶焼殺事件（2000.4.4）
1969年10月17日生まれ
2002年2月21日　名古屋地裁（片山俊雄）にて死刑判決
2003年3月12日　名古屋高裁（川原誠）にて死刑判決
2006年6月9日　最高裁（今井功）にて上告棄却、死刑確定
2008年7月　再審請求を取り下げ
2009年1月29日、名古屋拘置所にて死刑執行
旧姓野村。6人共犯中2名は無期懲役（4人に死刑求刑）。

　私の様な犯罪者に声を掛けて下さりありがとうございます。
　私は、色々思い悩んだ結果、被害者の方や遺族の方々の事を考え再審請求を取り下げました。
　ですから今は執行を待つ時間に何かできる事があればと考えつつ生活しております。
　今の名古屋拘置所は死刑囚に対してとても良い処遇をしてくれており私は感謝しております。
　さて、死刑をつきつめて考えていくと殆どの人が廃止と考えると思われます。
　世間の多くの人は それほど 深く考える事なく、死刑だ死刑だと使ってます。私も外ではそうでした。
　その為、死刑問題になると殆どが議論を早目早目に切り上げている様に思えてなりません。
　一度国会で一日中死刑について議論すれば良いのに、と思ってます。
　これは私の疑問なのですが、執行の際、最終的にサインするのは大臣ですが、誰を執行するか決めるのは、局長達つまり検事なのでしょう？　何故その検事達の名前を出さないのでしょうか？
　私の訴えたい事はこんなところです。

　これは少し趣旨と違うかも知れませんが、新法になって、局長通達で死刑囚の投稿を禁止するというのが出された様で、この通達のおかげで外に向けて殆ど何も発信できなくなってます。

字を書く事位しか許されてない私達にとって何かを訴えたり残したりするには、本を出す位しか方法がありません。
できましたらなんとかして頂きたいものです。
以上です。
最後まで目を通して下さり　ありがとうございます。
今後のご活躍をお祈りしてます。
それでは失礼します。
　　　　　　　　　　　　　　　　　　　　　　　（2008年9月11日記）

中山進（60歳　大阪拘置所）

豊中2人殺人事件（1998.2.19）
1948年1月13日生まれ
2001年11月20日　大阪地裁（氷室真）にて死刑判決
2003年10月27日　大阪高裁（浜井一夫）にて死刑判決
2006年6月13日　最高裁（堀籠幸男）にて上告棄却、死刑確定
無期刑の仮釈放中の事件。再審請求中。

　平成の文化と乖離した不条理な基準で証拠採用する為、犯罪事実をでっち上げる目的で、捏造・偽造した証拠が事実認定に採用され私がしてもいない、計画的殺人という犯罪事実を認定され、現在不当に人権を収奪されている。
　刑務官は、公務に従事する者だが、冤罪者から見ると、国家犯罪に加担して、私の人権を不当に収奪する犯罪者としか思えない。速やかに再審の上判決を訂正し、私の人権を回復する事に協力して頂きたい。
　自分がしてもしない犯罪事実を、偽造証拠ででっち上げるなんて、断じて許せない。主権者たる国民に伝えて頂きたい。最高裁・司法制度は、正しく機能していない。一般人が組織した機関が、ボランティアで判決を検証して、疑惑を発見すれば、再審を命じる権限を与えておけば、厳格な証拠による裁判をするようになり、冤罪を回避する事ができる。主権者たる国民は、国（司法・行政）を盲信せず、常にチェックできる組織を別途維持していなければ、国民の人権を放棄したに等しい状態になる。何の為の裁判か！

冤罪者を発生させるな！　冤罪者を救え！　犯罪者に厳罰を要求するのであれば、偽造証拠を合理的に排除できる裁判を保障すべきである。マスコミは、警察の一方的なリーク情報を報道すべきではない。裁判で明らかになった事を報道すべきである。リーク情報には、証拠偽造・事実の捏造という目的もある。考えるべきだろう。
　偽造証拠とは、
・自白
・合成写真
・その他。
【追記】平成の時代に相応しくない、不合理極まる手続で、偽証証拠が採用され、冤罪判決が乱発されています。
　正しく憲法31条適正手続の保障に違反した裁判（国家犯罪）に依る冤罪判決であるから、主権者・国民が改善させなければ、明日は我が身の、人権が不当に収奪される事態になるやも知れない事を弁えておくべきであろう。

（09年2月16日記）

陳徳通（40歳　東京拘置所）

川崎中国人3人殺人事件（1999.5.25）
1968年4月20日生まれ
2001年9月17日　横浜地裁川崎支部（羽渕清司）にて死刑判決
2003年2月20日　東京高裁（須田賢）にて死刑判決
2006年6月27日　最高裁（藤田宙靖）にて上告棄却、死刑確定
中国国籍。重大な事実誤認があり、強盗殺人の殺意の不在を主張。

　私は拘置所に勾留されてから、よく懲罰を受けています。拘置所の規則が分からないからです。それに、言葉が通じないためです。私は日本に来てからは、家族と一度も会ったことはありません。とてもつらいです。家族が会いに来てくれないので、毎日寂しさが募り、つらいです。それが限界に達した時に、耐えられなくなり、大声を出したりします。それで、大声を出す度にすぐに保護房に連行され懲罰を受けさせられるのです。被告人が言葉が通じないという理由ですぐに保護房に連行するというのは、あんまりではないですか。

被告人が何故大声を出すのか、通訳に理由を聞いてもらうという方法があるのに、何故そうしないですぐに保護房に連行して懲罰を受けさせるのか、理解できません。このようなやり方はあまりに冷酷すぎるのではないでしょうか。

　私は写真を持っていません。日本に来てからは一度も写真を撮ったことはないからです。日本に来てからもう10年経ちます。家族と一度も会ったことがないので、家族も私を見たいために写真がほしいと言っています。しかし、家族に写真を送りたいから写真を撮らせて欲しいと申し出ましたが、全く許可されません。監獄の中では、写真を撮ることは許されないからだと言われました。日本人は毎日家族や友達と面会できます。しかし、私は10年間一度も家族と会ったことがありません。だから、家族にせめて写真でも送ってやりたいと思っても、どんなに頼み込んでも許してもらえません。この10年間、本当につらくてやりきれません。このような待遇は本当に非情すぎます。日本人なら、何か方法があるかも知れませんが、しかし、外国人にとっては、本当に煩わしすぎます。
　キリスト教の神父やシスターたちにとても感謝しています。彼らは私に会いに来る時、食べ物やお金や書籍、それに衣類などよく差し入れてくれます。私の面倒を見てくれることや、私の家族が無事でいてくれることなどは、全てイエス・キリストのおかげです。本当に大変感謝しています。
　事件当時、このような結果になることは（私も家族も）誰も想像できませんでした。このような結果になってしまったことは、全て私がその責任を取らなければなりません。日本人はみな日本の法律は公平だといいます。しかし、一審の公判から最高裁まで、証人など一人たりとも見たことがありません。一審の時は、私はずっと証人に会いたいと望んでいました。しかし、一人も来ませんでした。私が人を殺したのか、それとも他の人が殺したのか、証人に聞けば分かると思いましたが、誰一人出てきませんでした。にもかかわらず、私を死刑にするのは不公平すぎます。法律がこのように一人の人間を死刑にするのは、公平な法律というのでしょうか。
　あの事件でこのような結果になるのを私は全く予測できませんでした。まして、日本の法と治安に違反するとは。日本政府に本当に申し訳なく思っています。日本政府に許して頂けますように真摯にお願い申し上げたいです。日本政府に誠心誠意を以て慚愧の気持ちを表したいと思います。私は必ず心を

改めて出直します。早く私を帰国させて欲しいです。

　私は真面目に働くために日本に来ました。私は大変貧しい家庭で生まれました。小さい時からきつい仕事をしてきました。日本に来て無法な事をしようなどと考えたことはありません。私は腹一杯食べて仕事に出たいために、同村人と諍いを起こし、このような傷害事件に発展しました。私は本当に後悔しています。奈落に落ちたようにつらくてたまりません。もしあの時、お互い我慢すれば、今のような結果にならなかったのです。

　私は日本政府に申し訳ないことをしてしまいました。そして、家族や友達にも悪いことをしてしまいました。私は妻に、特に幼い子供たちに大変申し訳ないことをしてしまいました。今も家には巨大な債務が残っています。また、被害者の家族は、今も私の子供たちを殺したいと思っています。私の妻と子供たちは仕方なく身を隠しているのです。生活のために、妻が病を抱えながら仕事をしなくてはなりません。妻一人では本当に負担が重すぎます。

　妻一人の力では生計を維持することが出来ないので、親族の援助を借りながら生計をたてています。子供たちはまだ幼いです。彼らの心を傷つけないために妻はお父さんはよそで仕事をしているから、もう少しで帰れると言い聞かせています。夫として、父親として、私は本当に恥ずかしく思います。妻の体が弱く、このまま行けば、生活面や精神面でも、妻がきっと耐えられなくなります。どうしたらいいでしょう。日本政府に早く私を帰国させて頂けますようにお願いしたいです。私を早く帰国させてほしい。私は被害者の家族に謝罪したいからです。そして、被害者の家族に事の経緯について全部話したいです。次世代まで敵同士になって欲しくないからです。被害者の家族が賠償してほしいと望むならば、私はそれをできる限りやりたいです。私のこの命が欲しければ、命まで差し出したいとも思っています。私の命が私の家族が自由な生活が送れるようになることと引き替えであれば、それでもいいと思っています。起こったことについて、被害者の家族にちゃんと説明しなければ、私が日本で死刑を執行されても、中国国内では何も変わりません。被害者の家族がこれまでと同じように私の家族を迫害しようとします。事件当時、被害者の家族が私の家に行った時、彼らは私が帰国して事実をちゃんと話さなければ容赦しない、と言い放ちました。どちらも日本人同士ならば、私の家族は無事でいられるかも知れませんが、お互い中国人同士ですから、被害者の家族は私の家族を見逃すことはないでしょう。日本政府に、大きな心を持って、私を釈放し

て下さいとお願いします。日本政府によろしくお願い申し上げます。拘置所にもよろしくお願い申し上げます。福島みずほさんにもよろしくお願い申し上げます。

　私はあまり字を書けませんので、誤字脱字がありましたら、お許し下さい。

[上村和代 訳]

江東恒（66歳　大阪拘置所）

堺夫婦殺人事件（1997.10.30）
1942年7月21日生まれ
2001年3月22日　大阪地裁堺支部（湯川哲嗣）にて死刑判決
2003年1月20日　大阪高裁（那須彰）にて死刑判決
2006年9月7日　最高裁（甲斐中辰夫）にて上告棄却、死刑確定
再審請求中。

　私たち死刑確定者は拘置所が認めた人間だけ、事件の事や裁判所の事や、刑事、検事たちの事や被害者の事を書いて送る事が許可が出ていませんので、先生様に書いて送る事が出来ません。

　私たち死刑確定者は先生様に沢山伝えたい事が有りますが、拘置所から許可が出ていませんので、先生様に書いて送る事が出来ません。先生様、ゆるして下さい。

　私は拘置所に来るまでは全く字の読み書きが出来ませんでしたので（裁判について）私は何もわからないのです。

久間三千年（くまみちとし）（享年70歳）　2008年10月28日、死刑執行

飯塚2女児殺人事件（1992.2）
1938年1月9日生まれ
1999年9月29日　福岡地裁（陶山博生）にて死刑判決
2001年10月10日　福岡高裁（小出錞一）にて死刑判決
2006年9月8日　最高裁（滝井繁男）にて上告棄却、死刑確定
無実を主張。
2008年10月28日　福岡拘置所にて死刑執行

※事件について、さまざまな経過があって、警察が証拠を捏造して逮捕したあの時から14年の歳月が流れた。さまざまな経過とは……平成五年九月二九日の巡査長に対する傷害事件であり、このＫ巡査長（30）が平成六年三月に自殺したことを指す。あの時とは……警察が座席シートの裏側から血痕を発見したという平成六年四月を指す。ここで注目すべきは、平成四年九月二九日にルミノール検査をした筈の警察が、シートの裏側に付着していたという血痕を、平成六年四月まで発見できなかったのも不思議なら、その部位のシート表面から、ルミノール反応が全く出ていないのは、全く説明不能という外はない。検察官ですら説明できないこの血痕について唯一可能な説明は、巡査長が自殺した報復から、無理な証拠化を図った警察の仕業である。

※真実は一つしかない。私は無実である。人々の目からみて明らかに冤罪とわかる本件の真実に対して、誤った地裁、高裁判決を最高裁は正すことなく棄却した。私はこの棄却を裁判所への落胆と大きな怒りをもって受け止める。棄却に対するこの怒りは決して衰えることはないし、真実は必ず再審にて、この暗闇を照らすであろうことを信じて疑わない。真実は無実であり、これはなんら揺らぐことはない。私は無実の罪で捕われてから、拘置所に十四年収監されている。今年の一月九日で70歳になった。本件は冤罪事件だけに、重大な人権侵害である。

　本件は裁判所の有罪認定が誤っていることが、非常に分りやすい事件である。裁判所の真実に向き合う姿勢の欠如は、決して許されることではない。この不当判決を私は絶対に認めることはできない。平成六年九月二三日に不当逮捕された私は、警察の拷問による「自白」の強要も、一貫して無実を訴えつづけたのは、裁判所は真実を分ってくれるという信頼をもっていたからである。しかし、繰り返される死刑判決によって、裁判所に対する信頼は音を立てて崩れ去った。

　私にとっての十四年は、単純に十四年という数字ではない……社会から完全に隔離され孤独のなかで人間としての権利と無実という真実を奪われてきた時間である。これは大きな人権侵害である。

※この事件には、無実の証拠は沢山あるが、有罪の直接証拠は何もない。

ここで大切なのは、有罪の直接証拠がないままに、ひとりの人間に「死」を宣告してはばからないこの国の司法に対して、私は「否」を貫き通します。

※本件では、新証拠として、平成四年九月にルミノール反応が出ていない部位の裏側から平成六年四月に血痕発見は荒唐無稽……第一次再審請求の地裁で再審開始可能!!

※右の血痕が警察のねつ造ということについて
　平成四年九月二八日の綿密な検証にも拘らず後部座席中央部（シートの裏側の血痕からPM法のGL型が検出され被害者UのDNAと一致したという部位）の表面からルミノール反応は出ていない。その部位の裏側から一年七カ月後の平成六年四月に"血痕発見"は警察の偽造。
　その理由は、血痕を検出する際、ルミノールテストです。正式には「ルミノール化学発光試験」といいます。これがどういうものかについて説明致します。
　ルミノールのアルカリ溶液を過酸化水素水などで酸化しますと「ヘミン」が含まれていれば、それが作用して強く発光します。試薬としてはルミノールのほかに30パーセントの過酸化水素水を用います。そのほかに無水炭水ソーダ、蒸留水などです。この試薬を問題の織布に噴霧器をもって吹きつけると、例えば織布に付いた血液を消失するためにたとえ水で洗い流してあっても、ルミノールの鋭敏さは二万倍希釈程度まで強く反応する（一分間から数分間のあいだ青白い光を出す）。
　従って、判決が認定したように、座席表面に滴下した血液がシートの裏側やこれに接するスポンジ部分にまで浸透したのであれば、シート繊維を構成する〇．〇一八ミリの一本ずつの繊維の隙間まで血液が浸透した筈であり、当初のルミノールテストに発光しないことは断じて有り得ない。従って、当初の（平成四年九月二八日）ルミノールテストに反応しなかったことは、その後に血液が付けられたことを意味します。これ以外に私を有罪にする証拠は何もありません。

二〇〇八年八月五日記

石川恵子（50歳　福岡拘置所）

宮崎2女性殺人事件（1996.8/97.6）
1958年5月23日生まれ
2001年6月20日　宮崎地裁（小松平内）にて死刑判決
2003年3月27日　福岡高裁宮崎支部（岩垂正起）にて死刑判決
2006年9月21日　最高裁（甲斐中辰夫）にて上告棄却、死刑確定

（被害者宛に）
　冥福の祈りを込めて筆をとる
　悔恨と懺悔の日々果てしない
　慟哭の涙止らぬ鉄格子
　改めて故人をしのび盆供養
　御国での幸せ祈り手を合わす
　とうときは命の重さ許しこう

（福島みずほ様へ）
　刑の確定より約一ヶ月で福岡拘置所に移送されました。約八年間は宮崎拘置監に居ました（健康でした）。移送後の3ヶ月目より薬の副作用で歩行困難になり、天罰としか思えない程、次から次と襲ってくる病魔との闘いの毎日です。
　福岡へ来て二年目を迎えようとしているのですが、この間二名の刑の執行が実施されました。鳩山法務大臣により二ヶ月に一度の執行の為にです。今回の内閣改造により法務大臣が変りましたので、これ以上の執行が実行されぬ様に、祈る日々であります。
　死刑囚は、反省・後悔している人々が多いと思うのです。心の叫びに耳を傾けて頂き、死刑廃止への助力になるべく前向きに検討して下さる様にお願い申し上げます。
　人が人を裁くのには限界があると思うのです。罪人の命も重いはずです。延命の方法として再審請求の能力の無い人も居ると思うのです。生きて償える方法を是非実現させて下さい。亡くなられた被害者の方々の冥福を心より祈ります。　　合掌

(死刑廃止を支援して下さっている方々へ)

　自分の命というものを明日必ず確約されている人はいない…という事。

　例え天皇陛下であったとしても、ご自分の寿命をあと何十年とか何歳まで生きるとか、誰も、どんな人であっても、自分の寿命を知らずに生きること。明日もあさっても命が当り前の様にあると想定して生きようともがくから現実しか私達は見れなくなるのだなあ…と。

　この地上に生を享けて生まれた瞬間から人は皆、自分の命を天に委ねて生きるという宿命を背負って生きねばならず、只の一人の人も正確に自分の寿命をつかんでいる人はいないのだと想うのです。私はこの事を毎日心に刻み付けて日々を過ごさせて頂いています。

　夜、眠る時は、今日一生懸命に生きられた事を感謝し、そして明日もし目覚めずにこのまま命の炎が燃え尽きたとしても何の悔いもなく笑って死ねる様に肚がくくれたかどうか自分に確認して休ませて頂いています。そして朝、目が覚めた時今日も新しい命を授かる事ができた事、与えられた命の一切を一旦天に捧げ手足として使って下さいと祈り、今日一日の全てを委ねて過ごそうと毎日決意して一日をスタートさせています。

　死をみつめるのではなく、生を見つめて生きたいと思うのです。どんな死に方をするのかではなく、どんな生き方をしたのか…この施設の中でどんな風に生きていくのか…。

　罪を犯しているのですから裁かれても当然でしょうが、人が人を裁くには限界もあります。命の尊さを学ぶ為には、生きて老いていく肉体を惜しみながら身をつめる様にして働き続け、その行いを通して、被害者の方の命の尊さを身をもって知る事だと実感します。わが命を天にすっかり委ねて生きます。

　希望を失って生きた屍の様な残りの人生を送るのではなく、同じ生きるなら、どんな場所であっても光を求め、希望を求めて生き続けます。

　人々の心から憎しみが消え、誰でもどんな人でも赦しあい、愛しあう時が来ること、法で縛りあうのではなく、愛し信じあえる日が来る事を希ってひたすら祈っています。

小林薫（39歳　大阪拘置所）

奈良市女児誘拐殺人事件（2004.11.17）
1968年11月30日生まれ
2006年9月26日　奈良地裁（奥田哲也）にて死刑判決
2006年10月10日　控訴取下げ、死刑確定
弁護人が07年6月16日控訴取下げ無効を申立てたが棄却。
2008年12月18日再審請求申立。

◎第一審奈良地裁における裁判について

　私は、第一審中、月刊誌『創』において、又、その記事を引用した検察官からの被告人質問の際、「この裁判は茶番だ」と発言しました。理由は、裁判長・左右の陪席の裁判官、検察官、それに、唯一被告の味方であるはずの弁護人二名のうち、誰一人として警察供述調書を頭から信じ、検証を行なわず、人一人を「死刑」という厳罰に処するには、あまりにもお粗末で、いい加減な審理の末の死刑判決を下したのです。

【追記】上記理由につき、現弁護人に「裁判官三名の訴追委員会への罷免請求を行ないたい」と言い、又、自分では、訴状の書き方や、関連する法律には無知であるので助言してもらい、罷免請求書を書き上げ、平成20年11月13日に訴追委員会へ送付しました。（2009年2月17日記）

【麻原彰晃さん近況】
オウム真理教事件（1989.2～95.3）
2004年2月27日　東京地裁（小川正持）にて死刑判決
2006年3月27日　東京高裁（須田賢）は、弁護団の控訴趣意書の提出遅延を理由に控訴棄却決定。1審の審理のみで死刑が確定
2008年11月10日　再審請求申立。

　数か月前までは、弁護人や家族が面会に行けば、意思疎通を図ることはできませんでしたが、麻原さんの様子はわかりました。会話は成立せず、何かを態度で示すこともありません。そのときの言動は「ん、ん、ん……」の繰り返しで、腕を組んだり誰かに何か言っているように手や腕を動かして独り言を言い、一人で笑う、にやりとするといった状況でした。実は、にやりとしているのか、笑っているのかさえわかりません。ただ、そう見えるのです。

　ところが、ここ数か月は、面会室にも連れてきてもらえなくなりました。麻原さんの現状は全くわからなくなっています。

◎外部交通について
　今後の再審における情状証人・支援者として友人を申請するも、「情状証人も支援者も必要なし」と言われ、外部交通は不許可。
　情状証人を必要とするか否かは、再審においての裁判所が判断することであって、大阪拘置所の一職員が「必要なし」と言うのは、おかしいことではないのか。
◎裁判員制度について
　一般市民参加による裁判は、まず、司法のプロ達（裁判官・検察官・弁護士）らが行なうべき審理、行なうべき検証を確実に実行しなければ、万が一、冤罪判決が下った場合、一般市民（裁判員）に冤罪の責任を負わせることになるのではないでしょうか。
◎死刑制度について
　"人の命を奪った責任を、自分の命をもって償わす"という死刑制度の根本的論理は"目には目を、歯には歯を"の復讐的行為であって、「法」という武器によって人の命を奪う行為は、本当の正義と言えるのでしょうか。
　世界各国が死刑制度廃止に向かっているのは、死刑制度が復讐的行為であるとの認識が広まっているからなのではないでしょうか。

長勝久（42歳　東京拘置所）

栃木・妻と知人殺人事件（1988.10〜89.11）
1966年9月11日生まれ
2001年12月18日　宇都宮地裁（比留間健一）にて死刑判決
2003年9月10日　東京高裁（白木勇）にて死刑判決
2006年10月12日　最高裁（才口千晴）にて上告棄却、死刑確定

・自分は、傷害、殺人被告事件によって死刑判決を受けて死刑が確定したのですが、然しながら殺人については無実であり、このまま死刑執行されたらとりかえしがつかないことになるので死刑廃止を強く望みます。
・早期に超党派の死刑廃止の議員連盟の方々の力で議員立法で死刑廃止を可決して頂きたくお願いします。
・夜も余り寝むれず心配しているので、どうか宜しくお願いします。

美しい"福島みずほ先生"へ〔P. S.〕
○獄中生活での苦しいことの補足について。
　自分は、獄中生活上で、拘置所の職員からマインドコントロール等されて苦しめられています。
（1）頭部の機能操作。（特殊な電波照射による同操作）
　生活している上で、一定の間、断続的や全く思考することができない状態や、思考上で変な内容を思考する状態や、頭に一部の思考した内容を固定してそれ以外思考できなくなる状態や、記憶ができなくなる状態にされているのです。
（2）麻痺刺激。（特殊な電波照射による同刺激）
　生活している上で、断続的に膀胱や肛門を感電しているようにされているのです。
（尚、自分は健康でどこも悪い所はないのです。）

高橋義博（59歳　東京拘置所）

医師ら2人強盗殺人事件（1992.7）
1949年9月16日生まれ
2000年8月29日　横浜地裁（矢村宏）にて死刑判決
2003年4月15日　東京高裁（須田賢）にて死刑判決
2006年10月26日　最高裁（島田仁郎）にて上告棄却、死刑確定
殺人に関しては無罪を主張。実行犯3人は無期懲役。再審請求中。

　写真は手元にありません。私の著書『奇跡を呼ぶ冬虫夏草』（K. Kベストセラーズ）に私の写真も載っています。

処遇の格差の是正
　福岡拘、名古屋拘の確定囚は部屋にテレビが在り、リアルタイムで観ています。他にもあるのかも…ですが、福拘と名拘はその様です。東拘は月に3本のビデオ。この様な処遇は全国同一であって欲しい。同じ1日でこの差は大きいです。

私共の裁判は、私（死刑）と実行犯（無期）3名（S、K、T）が強盗殺人で判決を下されました。ですが裁判で、私、S、Tの3名は「殺人は計画的なものではない」と訴え、SとTは「殺人は、被害者の1人が急に暴れたのでKとTの2名が首を絞めて殺した偶発的なもの。1人を殺した為にもう1人も殺すしかないので仕方なく殺した」と証言しました。
　ところが、この証言を認めると主犯の私の殺人が無罪になるので裁判長は判決で「被告達の証言は信憑性に欠ける」として員面、検面調書のみを証拠としたんです。その調書というのは死刑という刑をちらつかしたり「認めないと接見禁止で家族と会えないぞ。家族がどうなってもいいのか？」とか「今は認めろ。言いたい事は裁判で言え。その為の裁判だろう。違うか？　その方がお前の為だ」と上手く唆されて作られたものです。
　裁判長は裁判の前に「ここで話す事は良い事も悪い事も全て証拠となるので話したくない事は話さなくて良い」と言ったのに、話した事の全てが「信憑性に欠ける」とは何の為の裁判だったのかです。
　殺人は突発的なものなんです。だから私は再審で殺人の無罪を訴えています。

朴日光（享年61歳　福岡拘置所）　　　　2009年1月4日、獄死

タクシー運転手殺人事件他（1995.1.12／1.28）
1946年12月7日生まれ
1999年6月14日　福岡地裁（仲家暢彦）により死刑判決
2003年3月28日　福岡高裁（虎井寧夫）により死刑判決
2006年11月24日　最高裁（中川了滋）により上告棄却、死刑確定
2009年1月4日　肺炎により獄死
名古屋の事件は知人の犯行、福岡の事件は薬物の影響による心神喪失等を主張。再審請求中だった。

「わたしは、罪ある者には罰する資格がないと学びました。罪のない者が人間のなかにいるはずがありません。残念ながら、われわれは、毎日神に背を向けながら歩みつづける罪人である。ただの一人として、罪を犯さず

に生きうる人間はおりません。外の行いはともあれ、心のなかは情欲と放縦に満ちております。欺瞞と傲慢、怠惰と不従順に満ちております。かかる人間に、どうして人間を審く資格がありましょうや。人を審き得るのは、実は神のみであります。ゆえにみなさん！　われわれは人を審く時、それは神を審きの座より引きずりおろして、おのれがその座についているのであります。その罪深さをわたしは深く思うのであります。」　矢島梶子伝『われ弱ければ』三浦綾子著より抜粋

西本正二郎（享年32歳）　　2009年1月29日、死刑執行

愛知・長野連続殺人事件（2004.1.13〜9.7）
1976年10月22日生まれ
2006年5月17日　長野地裁（土屋靖之）により死刑判決
2007年1月11日　控訴取下げにより死刑確定
2009年1月29日　東京拘置所にて死刑執行

「命の価値」
　日本国民の大半が死刑制度の存続に賛成する中、それに連動して死刑判決を言い渡す裁判官も一昔前に比べ非常に多くなりました。
　これは社会全体が犯罪者に対する重罰化を強く求めて来ているからだと思います。
　殺人事件について、ここ数年の間で、家族・身内間の殺人事件の件数が増え、本来ならお互い助け合い、深い絆で結ばれているはずの家族が憎悪の念を抱いて自分の親や子、あるいは夫や妻の命を奪ってしまう事件が多くなりました。
　又、今社会問題になっている自殺者の数も一向に減る様子がありません。
　今色々取り上げた事についてある共通点があります。
　それは社会全体が命というものに対し余り重視しなくなって来ているという事です。
　理由があれば合法的な殺人（死刑）を支持したり行ったりする事に国民が抵抗を感じなくなったり、家族や身内であっても簡単に命を奪ってしまう人間が増えたり、ストレスや挫折に対し、人を傷付ける事でその感情を

晴らそうとする人間が多くなったり、自分の命を簡単に絶ってしまう人間が跡を絶たなかったりと、人や社会との連帯感が段々となくなり孤立傾向が強くなって来ているようです。

　私が一つ不安に思う事は、これから育って行く子供達は一体誰から命の大切さや人に対する思いやりを学んで行くかという事です。

　自分の命はもちろんの事、他人の命であってもその価値を重視出来ない人間が、自分の子供に命の大切さを真に説く事が果たして出来るのか？

　今日本国民の大半の人が死刑制度の存続に賛成している事を考えると、社会の歪みを感じずにはいられず、日本に死刑制度があり続ける以上、国民の命に対する価値観は損なわれ、人の痛みや苦しみを理解してあげられる人間は増えて行かないと思います。

　重大な事件を犯した人間に対しても、もし過去に人の痛みや命の大切さを十分学ぶ事が出来ていたら、人を傷つけたり、人の命を奪うような悲しい事件は犯さなかったと思います。

　命の大切さや人を思いやれる心が学べる社会になれば、それが犯罪の抑止や防止につながるのではないでしょうか。

　私は2004年に愛知・長野の両県で4件の強盗殺人事件を犯し、4人の人の命を奪ってしまいました。

　今現在、確定死刑囚として東京拘置所で生活していますが、自身の犯した事件を振り返り、どんな理由があっても人の命を奪う行為は決して良くない事だと身に染みて感じました。

　今回の事件を通じ命の大切さを学び、事件当時の私がいかに命というものを軽視していたかを改めさせられました。

　今私は、国民一人一人が命というものをもう一度よく考え、自分の子孫に命の本当の大切さを伝えられるような社会になって欲しいと願っています。

　同じ悲しい事件が二度と繰り返されない為にも、この事はとても大切な事だと思うからです。

「償い」

　人の命を奪い、亡くなってしまった被害者にどんな罪の償いが出来るのかと考えた時、私の答えはいつも「何も出来ない」である。

被害者の方が亡くなっている以上、生き返らせる事も直接何かしてあげる事も出来ない。
　只、「何も出来ない」から「何もしない」では被害者の方が浮かばれないし、自分の犯した罪と向き合わないで逃げる形になってしまう。
　どんな形でもいいから、何か罪の償いが出来ないかと考えているうちに、私は、罪の償いにつながる償いをすればいいという結論に達した。
　まず私は、自分の犯した事件の事を語る事が事件に対する償いへの第一歩だと考え、今までに色んな所で事件に関する話をして来た。
　犯した事件を認め、事件の真相を明らかにする事が、被害者の為であり、遺族の為であり、社会の為であると思ったから。
　その次に私は、教誨を受け、亡くなった被害者の為に経を唱えたり写経を書いたりして冥福を祈る事を始めた。
　こういう事はとても大切な事で毎日欠かさず行う事に意義があると思う。
　あと私は刑が確定してから請願作業を始めた。
　作業を行おうと思った理由について、事件当時の私は真面目に働こうともせず盗みを繰り返し生きていたので、そういった心を入れ替え、一生懸命働き、被害者の為に少しでも被害弁償が出来ればと思ったから。
　あと私が命を奪った被害者の方は高齢の方ばかりなのに、事件の被害に遭うまで皆真面目に働いていたので、その事を思うと、私も同じように死ぬギリギリまで働かなければいけない、又、働く事の大切さを学ばなければいけないと思ったので、死刑判決が確定して直ぐに請願作業の手続きを取った。
　作業は現在でも続けており、作業を行う事によって、毎日の食事がおいしく感じるようになり、適度な疲れから夜の睡眠に効果が表れた。
　人は、食べて、働いて、寝る　生き物。
　この三つが満たされた時、人は本当の意味で生きている事を実感すると思う。
　現に私は、作業を始めてから「生きている」という事を実感し、働く事の大切さを学んだ。
　昔はこんな事を考えた事もなかったが、今は純粋に思う。
　罪の償いについて、拘置所や刑務所の中では限られた罪の償いしか出来ない。

死刑囚に至っては、外部交通の関係があるので、その範囲も更に狭くなり、色々考えても良い答えが中々出て来ない。
　死刑囚の中に「死をもって償う」と言う人間がいるが、私もその一人である。
　只、私は、私が死刑になれば全て解決するとは思ってはおらず、いくつかある償い方の一つに過ぎないと考えている。
　私が今一番望む事は、死刑囚でも臓器移植の手助けが出来るようになる事。
　今の日本に死刑制度がある以上、確定死刑囚である私は近い将来必ず刑の執行を受けなければならない。
　「死」という事を考えた時、私は只単に死刑を受けて終わってしまうのか？
　もし死刑囚が臓器を必要としている人間に自分の臓器を提供する事が出来れば、事件で亡くなった被害者を生き返らせる事が出来なくても、他の人間の命を救い、少しでも長く生きさせてあげる事は出来る。
　被害者の方もこういう罪の償い方であれば被害者の命は無駄にならないと思う。
　臓器移植について、死刑囚の臓器の提供に難色を示す人間が世の中には必ずいると思うし、臓器移植に関する制度を取り組むに当たり、死刑囚の執行方法が変わるかも知れないし、執行日が前もって死刑囚に分かってしまう場合もあるので、私が望んでも簡単に行く問題ではないが、刑の執行前後に臓器を提供する事が出来れば死刑囚でも人の命が救える。
　命というものを無駄にしない為にも死刑囚の臓器が提供出来る制度が導入される事を切に願い、この事によって死刑囚の罪に対する償いの意識が少しでも高められればと思う。
　生きて罪を償えない死刑囚だからこそ、希望する人間には、臓器移植や献体がスムーズに受けられるようになればと思う。
　私の命（臓器）で他の誰かが一日でも長く生きて欲しい。

(2008年8月31日)

追加として
　私は現在、死刑執行後に関する事を全て東京拘置所に一任する出願をし

ています。
　遺骸処理の遺骨は無縁墓地に納骨されるものと思いますが、これは私の強い要望です。
　又、私の家族もこの事を望んでいます。
　あと私は、死刑制度反対の考えを持っていますが、只、「死刑制度を廃止」というより、国民が色んな意味で命というものを重視出来る社会になる事の方に強い気持ちを持ちます。
　国民が命の事をもっと重視する事が出来れば、死刑廃止活動を行わなくても、おのずと死刑制度は廃止されるものと思います。
　死刑の廃止だけに重点を置くのではなく、国民一人一人が命の価値を高められる社会の取り組み・活動が行われればよいと考えます。
　今回このような機会が持てた事を大変ありがたく思い、心から感謝いたします。
(2008年9月3日)

松本和弘（54歳　名古屋拘置所）

マニラ連続保険金殺人事件（1994.12〜95.6）
1954年6月25日生まれ
2002年1月30日　名古屋地裁一宮支部（丹羽日出夫）にて死刑判決
2003年7月8日　名古屋高裁（小出錞一）にて死刑判決
2007年1月30日　最高裁（上田豊三）にて上告棄却、死刑確定
双子の兄弟と友人の3人が共謀したとされるが、3人とも「病死」を主張してマニラの事件を否認。再審請求中。

　裁判について、他人殺害の場合は、1人以上でも死刑判決が出るが、親族等の場合は、多数殺害しても死刑判決が出無い事と、国家公務員等がおこした名古屋刑務所のリンチ殺人事件等について、殺人罪でなく、過失致死罪で終り、執行猶予扱いになったりした事に対して、いきどおりを感じる事等について、思う事です。裁判がおかしいと、考えて、思います。
　私達が、殺人罪等でうったえられているフィリピンでの殺人は、フィリピン政府の法医学士である担当医師は、2件共病死として見ているのに、日本政府は、全く、一切、受け入れない事等について、とても不満で有り、

りふじんだと、私は、考えています。又、的場法学医師のしょうげんは、信用出来ない事を、信じています。残念です。第一審、第二審、上告審とも、全く、受け入れなかった事を、心から残念に思います。

　追伸、警察でや検察での取調べは茶番げきであり、でたらめでした。

（2008年9月11日夜）

松本昭弘（54歳）

マニラ連続保険金殺人事件（1994.12〜95.6）
1954年6月25日生まれ
2002年1月30日　名古屋地裁一宮支部（丹羽日出夫）にて死刑判決
2003年7月8日　名古屋高裁（小出錞一）にて死刑判決
2007年1月30日　最高裁（上田豊三）にて上告棄却、死刑確定
双子の兄弟と友人の3人が共謀したとされるが、3人とも「病死」を主張してマニラの事件を否認。

　自分は、刑が決まり、確定した以上は、自分自身が刑に服する事によって、罪の償いをする考えでおります。でも、どうしても納得が出来ない事があります。それは、何故、新しく（2年〜8年位頃）刑が確定した人達ばかりが刑の執行をされているのでしょうか？
　何故、古い確定囚の人達は、刑の執行をされないのでしょうか？　また何ゆえに、古い確定囚の人達には、日本弁護士協会から手弁当の弁護士さんが就いているのに、新しい確定囚には、中々、手弁当の弁護士さんが就いてないのでしょうか？　その事について、日本弁護士協会の人達によくよく考えて欲しい事と思います。

松田康敏（40歳　福岡拘置所）

宮崎2女性強盗殺人事件（2001.11.25／12.7）
1968年2月23日生まれ
2003年1月24日　宮崎地裁（小松平内）にて死刑判決
2004年5月21日　福岡高裁宮崎支部（岡村稔）にて死刑判決

■ 2007年2月6日　最高裁（那須弘平）にて上告棄却、死刑確定

　どんな立場に生きていようと、前を向いて生きましょう。
　過去を振り返り反省し、これから先を、自分自身を改めて日々の生活を送る事が大事だと思う。
　私は、今現在、確定してから2年目の夏を過ごしています。こういう所で生活してますと、いろんな事がありますが、外部交通者との交流をさせていただいており、何事にも力をみなぎる事ができています。本当に感謝しております。
　そして時間があると、絵を描いたりして楽しく過ごしています。絵画を通して、何かを伝えられたらと思ってます。

【追記】
　今現在、テレビのニュース等では、殺人や強盗などが、多くなっております。また一人を殺めても死刑判決が出てる状況であり、それだけ悪質化になってる事と考えます。
　そして、死刑囚も増える一方とあり、二カ月に一度の死刑が行われております。
　今年も1月29日に4名の執行があったニュースを聞きましたが、そのうちで私の文通仲間も入っていて、とってっも落ち込んだ私でした。
　でも、そう落ち込んでる場合でもありません。次は我が身と考えて、本当の真実を伝えるまでは死ねませんので、今回再審請求を受けて下さる弁護士さんも何とか見つかりました。
　難しいけれど再審で本当の気持ちが伝えられることが出来たなら、それで良しとして、いつでも死刑執行になってもかまわないと思っています。
　しかし、これから死刑を言いわたされる人たちには、死刑執行という刑にならないように法律を改正してほしいと強く願っています。
　日本も死刑廃止になることを願う一人として！

（2009年2月17日記）

篠澤一男（57歳　東京拘置所）

宇都宮宝石店6人放火殺人事件（2000.6.11）
1951年3月13日生まれ
2002年3月19日　宇都宮地裁（肥留間健一）にて死刑判決
2003年4月23日　東京高裁（高橋省吾）にて死刑判決
2007年2月20日　最高裁（那須弘平）にて上告棄却、死刑確定

　いつ死刑になるのか、きもちのせいりがつきません。死刑とはざんこくなものです。
　死刑とは死刑の判決をもらった人しかわからない重いものがあります。まい年、確定の日などはねむれません。

加納恵喜（58歳　名古屋拘置所）

名古屋スナック経営者殺人事件（2002.3.14）
1950年3月12日生まれ
2003年5月15日　名古屋地裁（伊藤新一）にて無期懲役判決
2004年2月6日　名古屋高裁（小出錞一）にて死刑判決
2007年3月22日　最高裁（才口千晴）にて上告棄却、死刑確定
旧姓武藤。

福島先生
　手紙を有難うございました。私は、現行法に死刑が存在しているという面から書かせて頂きます。
　現在は、死刑と無期の境がどこなのか分かりません。もし死刑が廃止され、終身刑ができた場合、二度と自由の無い場で一生を終えるのかと思うと、死刑囚の一人として、夢も希望もない生活の中で生きぬけるのかという方が、死刑より終身刑の方が不安です。
　終身刑になった場合の処遇に付いて知りたいと思います。被害者遺族は「極刑に。極刑に。」と望みますが、私達にとって、一瞬に終る死刑より、"生かさず、殺さず、夢も希望も無い世界の方が辛いことです。"外部交通もない人はどうなるのでしょう。

私は、生きているうちに、死刑廃止は無いと思い、鳩山法相に「死刑囚から願い出が有った時は、臓器移植並びに献体ができる制度を法化して頂けるよう」昔でいう情願をしました。一年がたとうとするのに、返信は有りません。
　死刑囚の中にそういう思いを持った人間も居るということを、伝えて頂けましたら幸です。
　最後に、死刑執行が有った時、法相は、鳩山法相の時から、執行された人の名前を発表するようになりました。それにより、何十年も前の事件を、メディアは報じます。加害者は、死刑を執行された死刑囚です。死刑囚の親族では有りません。やっと静かに生活できるようになったのに、法相の執行人の名前の発表により、又、生活を崩されるのです。私から鳩山さんを見ましたら違った意味で死に神に見えます。
　「今日、死刑の執行が何人有った。」だけの発表で良いのではないでしょうか。
　長くなってしまい申し訳ありません。死刑囚としての処遇は、何も不自由の無い生活をおくっています。
　先生もお体に気を付けられ、総選挙も近いですし、無理をせず、頑張って下さい。お体大切に。感謝　　　　　　　　　　　（平成20年9月16日）

小林光弘（50歳　仙台拘置所）

弘前武富士放火殺人事件（2001.5.8）
1958年5月19日生まれ
2003年2月12日　青森地裁（山内昭善）にて死刑判決
2004年2月19日　仙台高裁（松浦繁）にて死刑判決
2007年3月27日　最高裁（上田豊三）にて上告棄却、死刑確定

（獄中生活で一番楽しいこと）
　親族・支援者・弁護人等と面会出来ること。
（獄中生活で一番苦しいこと、つらいこと）
　食事がまずい、話し相手がいないこと

中原澄男（61歳　福岡拘置所）

暴力団抗争連続殺人事件（1997.10.6/10.13）
1947年6月3日生まれ
2003年5月1日　福岡地裁（林秀文）にて死刑判決
2005年4月12日　福岡高裁（虎井寧夫）にて死刑判決
2007年6月12日　最高裁（上田豊三）にて上告棄却、死刑確定
2009年2月12日再審請求申立、無罪を主張。

　同封の新聞の切り抜きが私の死刑判決ですが、この実行犯は、私に中原組から金の使い込みで破門されたのです。そのため、会長の元に助けを求め、これを会長が受け入れ、私は当時、本部長でＴＳ会のNo.3の立場でした。殺害の指示は、会長とＴ組Ｔであり、Ｔは会長から口封じでＴＳ会組員に射殺されています。そのＴの身代りに引きずり込まれたのです。破門の恨み、実行犯の1人を私が自首させたために事件が片づいたので、その恨みで私をＴの代りにしたのです。
　私の方が、証拠はあり、一審では裁判官が判決できずに弁論再開まで開かれて、検事のかくしていた携帯電話の記録を裁判所が提出させたのです。それに実行犯が組長から携帯電話で呼び出されたと証言したのが載ってなかったのです。私が実行犯を自首させた時に、検事は私に君が自首させてくれたそうだな、ありがとう、君の事は事件に関与のないのは聞いているからと言ったのですが、この検事が私との約束を忘れていましたので、私は事後報告を協力せずに拒否したのです。そしたら後悔するなよと言って、殺人未遂事件の判決を取り消して、指示者として捕まったのです。
　私の事は調べてもらえば分ります。完全にこの新聞の件は無罪です。関与はないのです。関与があれば、私が実行犯を破門したり、自首させたり出来ません。考えてみて下さい。病院のカルテや携帯電話の記録の証拠があるにもかかわらず、病院を抜け出したであろうとか、公衆電話か他の電話を使ったであろうとかの想像文での判決です。自首させたのは良心のかしゃくに耐えかねてとかぬかしています。こげな裁判長がおるとです。私に裁判官は、お前達の頭はカボチャか坊さんになれとか、もう一度司法試験を受け直したがいいなど言われて、何も言わなかったです。
　【追記】林秀文裁判長と一緒に死刑判決出した一木泰造裁判官が9日に福岡

から宮崎に帰るバスのなかで、隣りに眠っている19歳の女子短大生の下着の中に手を入れて、その場で逮捕されています。その上、あつかましくも否認しています。こんなクソ野郎に判決されたと思うと、なおさら腹が立ちます。裁判官も人間です。間違いは認めて、もう一度裁判をやりなおしてほしいと希望するだけです。

(2009年2月16日記)

前上博（40歳　大阪拘置所）

自殺サイト利用3人連続殺人事件（2005.2.19、5.21、6.10）
1968年8月20日生まれ
2007年3月28日　大阪地裁（水島和男）にて死刑判決
2007年7月5日　控訴取下げにより死刑確定

　制度について思うところは色々ありますが、今回は下記アンケートのみの回答とさせていただきます。

（控訴を取り下げた理由）
　自己都合（身辺整理等が終わったので）

尾形英紀（31歳・東京拘置所）

熊谷男女4人拉致殺傷事件（2003.8.18）
1977年7月20日生まれ
2007年4月26日　さいたま地裁（飯田喜信）にて死刑判決
2007年7月18日　控訴取下げにより死刑確定

　死刑囚の気持ちや考えを聞いてもらえる機会を与えてくれてありがとうございます。
　事件を起こしてから現在に至るまで、考える事や納得のいかない事が数多くありすぎて、それをすべて書いていたのでは、何十枚も書くことになってしまうので簡単に書きます。

まず、事件についてですが、見張り程度しかしていない共犯が2人います。
　すべて俺のやった事ですが、4人を殺そうとして2人を殺害、2人は殺人未遂の事件です。
　事件当時の俺は、かなりの酒を飲んでいたためと、あまりにも興奮していたので、ほとんど記憶がありません。ただ、あまりにも強烈な印象がある部分だけが、はっきりと記憶に残っています。
　しかし、それでは警察も検事も都合が悪いので、事件当日の行動の大まかな所は、共犯の記憶などを総合して作り、もっとも大事な部分は刑事と検事が作りあげたストーリーが裁判で認められてしまいました。それは最初から殺害の話し合いをしてから殺しに行ったというのですが、全くのウソなのです。
　裁判では、不利になるのは分かっていましたが、殺意を持った事を認め、いつの時点で殺意を持ったかも証言しました。
　実際には暴行している時に被害者が死にそうになった時にはじめて「それなら殺してしまえ」と思ったのです（その時の精神状態では、そのようにしか考えられなかったのです）。それ以前は殺意はもちろん、死ぬ可能性すら考えもしませんでした。
　しかし、検事と刑事の調書にははじめから殺意を持って行動したとなっていました。何でその様な調書になったのかと言うと共犯も証言していますが、共犯2人が事実と違うのは分かっていたけど無理やりにサイン・指印をされ、俺の調書は最後のページのサインがある所以外を差し換えられました。警察と検事はあたり前の様に不正をしているのが現状で、不正をかくすためには裁判の証人尋問で平気でウソをついています。しかも裁判も全くの茶番で検事の言う事をすべて認定してしまいました。
　殺意についての証人尋問で刑事と検事の言っている事がくい違い、苦しまぎれに少しだけ、俺の言っている事が正しいと刑事が証言したにも関わらず、俺の言っている真実は都合が悪いからはじめから聞く気がありませんでした。完全に結果ありきの裁判です。
　一審で2度にわたり精神鑑定を受けました。一度目は裁判所が認定した先生でした。その先生はよく調べてくれ、調書よりも俺の証言の方が信用できると証言してくれました。それは俺の言っている方が精神医学上もふくめ自然であり、しかも俺の証言は自分にとって不利になる事まですべてを言って

いるからです。その結果、部分的ではあるが（1人目殺害）、責任能力がいちじるしく低下していたと判断されました。

その為に検事が納得せずに2度目の鑑定となったのです。2度目の先生は検事の推薦した人であり、検事の犬になり下がった人でした。当時の俺の考えなどは1度も聞く事もなく、ただ事件の経過を聞いただけで、すべて検事や刑事の調書を参考に鑑定書を作ったのです。

はじめからやる気のない鑑定士を採用し、驚くことに裁判では、一度目に真面目にやった先生の鑑定を棄却し、やる気のない検事の犬の鑑定を採用したのです。

俺は責任を逃れたいのではなく、今の日本の裁判や刑事や検事のやっている事が許せないのです。一般の人は信じないと思うけど、今の刑事は事件のでっちあげも日常的にやっているし、まして調書の改ざんなんてあたり前にやっているのです。だけど無実を訴えても今の裁判では無罪になる事はないし、たとえ無罪を勝ち取っても年月がかかりすぎるから、懲役に行った方が早く出れるので皆、我慢しているのです。俺の殺人などは事実は変わりませんが、事件の内容はかなりでっち上げなのです。だから俺は100％無罪の死刑囚は何人もいると思っています。

検事の主張ばかり聞く裁判は不公平ですが、一般の人から見れば刑事や検事の言ってる事は無条件で信じられるのだから、来年から始まる裁判員制度では冤罪も今まで以上に多くなると思います。

事件に関して長くなってしまいましたが、死刑囚が考える死刑制度について、一般市民の考えているものとは違う所もあるかと思うので書かせてもらいます。

収容者と話す事はありませんが、他の死刑囚を見ると本当に殺人をやった人なのかと疑えるほど普通の人です。俺はぐれ始めてから、ヤクザやその他のアウトローを社会や少年院、刑務所で数多く見てきましたが、それらの人達と比べてもかなり気の弱くおとなしい印象です。きっと心から反省しているので、そう見えるのかもしれませんが、俺はそれだけでなく、本当に普通の人達なのだと思います。

どの様な事件を起こしたのか知りませんが、色々な理由により精神状態が乱れ、普段ならまともに判断できる事が出来なかっただけなのだと思います。だから、誰にでも死刑囚になる可能性はあると思います。

自分の気持ちは後で書きますが、本当に心から反省している死刑囚を執行する事で本当に罪を償う事になるのでしょうか？　罪を背負って生きていく事が、本当の意味での償いになるのではないかと思います。日本人の美徳として死者に対して悪く言ったり思ったりしない所がありますが、何か問題を起こしたり、犯罪を犯した後に自殺をする人達に対して、一般の人の中には責任を感じての自殺、アウトローの人の中にはケジメをつけたという考えをする人がいます。本当に自分自身でケジメをつけたと思える人もいるので、すべてを否定はしませんが、俺には、つらい事から逃げただけにしか思えない事のほうが多いと思います。被害者や遺族の感情は自分で犯人を殺したいと思うのが普通だと思います。今は連絡を取っていませんが、両親・姉・元妻との間に二人の娘がいます。俺だって家族が殺されたら犯人を許すことはないし、殺したいと思うのがあたり前です。
　しかし、それでは、やられたらやり返すという俺が生きてきた世界と同じです。死刑という名の殺人を国家権力がやっているにもかかわらず、国民にどんな理由があろうと殺人を禁ずるのはどういうわけだ。世界では色々な所で国家による虐殺があったようだが、それと日本の死刑とどこが違うのか？　日本の法律にのっとり死刑があるように、虐殺のあった国にもその国の法律（権力者）にのって死刑にしただけだろう。
　色々と考えながら書いているので、ちょっと興奮してしまいました。
　死刑囚を助ける活動をしている先生に対して言う事ではないし、やつあたりの様な事を書いてしまったので、書きなおそうとなやみましたが、俺の考えでもあるので、失礼は承知のうえ、このまま続けさせて頂きます。話を戻します。
　俺の考えでは死刑執行しても、遺族は、ほんの少し気がすむか、すまないかの程度で何も変わりませんし、償いにもなりません。
　俺個人の価値観からすれば、死んだほうが楽になれるのだから償いどころか責任逃れでしかありません。死を覚悟している人からすれば、死刑は責任でも償いでも罰ですらなく、つらい生活から逃してくれているだけです。だから俺は一審で弁護人が控訴したのを自分で取り下げたのです。
　死を受け入れるかわりに反省の心をすて、被害者・遺族や自分の家族の事を考えるのをやめました。
　なんて奴だと思うでしょうが、死刑判決で死をもって償えと言うのは、俺

にとって反省する必要ないから死ねということです。人は将来があるからこそ、自分の行いを反省し、くり返さないようにするのではないですか。将来のない死刑囚は反省など無意味です。

　もちろん他の死刑囚は日々反省していることと思います。俺は、ただでさえ東拘には人権など全くないし、24時間カメラで監視され独居にいて、執行されるのを待っている中で、事件や遺族・自分の家族の事を考えていたのでは気がおかしくなるし、ストレスだらけで、そんな余裕すら1秒もありません。

　俺のように反省する気がない死刑囚もいる中で、ほとんどの死刑囚は日々反省し、被害者の事も真剣に考えていると思います。そういう人達を抵抗できないように縛りつけて殺すのは、死刑囚がやった殺人と同等か、それ以上に残酷な行為ではないのですか？

　俺が執行されたくないのではありませんが、その様な事などを考えれば、死刑制度は廃止するべきです。

　言いたい事が色々と多く長くなってしまいましたが、切りがないので、この辺で失礼します。今の気持ちを伝える機会を頂き、ありがとうございました。

　追伸
　最近、執行が多くなりましたが、執行について意見があります。
　執行時に求刑・判決を出した検事・裁判官それに法務大臣らが自ら刑を執行するべきです。それが奴らの責任だと思います。
　それと執行時・その後に死刑囚の希望があった場合、絶対に経をあげてはいけないようにして下さい。俺は宗教が嫌いだし、経は死者に対してではなく、生きている人達の気やすめでしかありません。俺の執行時・執行後は絶対に宗教関係の事はやらないようにお願いします。

小田島鐵男（65歳　東京拘置所）

警視庁指定124号事件（2004.8.5〜11.22）
1943年4月17日生まれ

2007年3月22日　千葉地裁（根本渉）にて死刑判決
2007年11月1日　控訴取下げにより死刑確定
共犯の守田克実被告は上告中。

SPECIAL DELIVERY
トビー　ネ　スゴイ　ゲンキダヨ。
マダ　2サイ　ジャ　ナイケド　タイジュ17キロ、シンチョ3フィート、スゴイ　オモイ　ダヨ。
オドル　ジョズ、ウタ　デキル、　1・2・3　ワカル、　ABC　ノ　ウタ　シッテル、ホント　アタマ　イイ。
マイツキ　カミノケ　カット　シテル、オトコ　マエ　ダヨ。
イツモ　アナタノ　シャシン　ミセテル、ダカラ　アナタノ　シャシン　ミタラ　パパノ　シャシン　ダッテ。
トビー　ノ　シャシン　ミタ　デショ、アナタ　ニテル　デショ、モット　ニテル　モシ　トビー　ボウシ　カブテル　トテモ　アナタニ　ニテル　アナタノ　Xerox Copy。
ワタシ　アナタ Death Penalty　シナイヨニ　マイニチ　I PRAY TO GOD　シテル。　ワタシ　タスケテ　アゲル。
I ALWAYS PRAY FOR YOU！
マイニチ　チャント　ゴハン　タベルネ、　チャント　ネルネ、カラダ　キオ　ツケテ　クダサイ。

　これは、フィリピンの内妻が手紙に書いてきた生後1年10ヵ月のトビー（息子）の様子だが、同封の写真に、買物袋を手にして母と一緒に写っているトビーは3歳児位に見えるほど大きくなり、とても2歳前とは思えない急成長ぶりで、目頭が熱くなった。
　先のない死刑囚が、今さら異国で暮している子供の将来を案じても、どうしようもない事だと、自分自身にいいきかせ納得してはいるのだが、逮捕された7ヵ月後に生れたトビーが、今月末（2008年8月）には満3歳の誕生日を迎えることを考えると、感無量なものがある。
　自分と同様に、父親のいない子をこの世に残して逝くことになる罪深さを、心底から自省している。しかし、トビーには、優しく愛してくれる母親と可

愛いがってくれる母の家族がいるから、自分とは違うのだと己にいい聞かせている。
　生活環境の厳しいフィリピンで、トビーが生きていくことは大変だろうけれど、母親とその家族の愛情に包まれて、無事に成長して、生れ育った国を愛し、母と家族を愛する人間になってほしいと、それだけを希っている。

2008.8.18

福島先生　ありがとうございます。　　小田島鐡男拝

父なき子　残し逝くこと　ただ詫びる　我も父親知らぬ子なれば
この手もて　追善供養の写経する　ただひたすらに　死刑囚の我
贖罪の　写経続けて　坐す日々は　短くもあり　長くもありぬ

庄子幸一（53歳・東京拘置所）

大和連続主婦殺人事件（2001.8.29/9.19）
1954年10月28日生まれ
2003年4月30日　横浜地裁（田中亮一）にて死刑判決
2004年9月7日　東京高裁（安広文夫）にて死刑判決
2007年11月6日　最高裁（藤田宙靖）にて上告棄却、死刑確定

痛恨
　幾たりも眠れぬ日々を重ねて、日々被害者に謝罪をする。毎日違った後悔が湧いて来る。人間の尊厳を裏切り卑劣なる暴力で殺めてしまった命二つを想う時、愚かなる我が行為の大罪にご遺族の方々の悲しみと怒りを知る。私はその悲しみを埋める術を知らない。その怒りを静める術をも知らない。私に出来る事は煉獄の中の火に焼かれつつ苦しみ抜き、贖罪に身を置き心の中で罪を風化させない事を誓う事なのだろう。私は願う。私のこの思いが私の痛恨の日々の叫びたい様な救しを請う血の激りがご遺族の方々の胸に届かん事を切に願う。しかしこの想いは塀の外へ出る事は無い。被害者ご遺族の方々への信書の

発信は法により認められていないから。忘れないで欲しい。命のある限り赦しを請う願いを叫び上げている死刑囚の居る事を、そして贖罪に身を焼かれる事を厭わず刑に服そうとして生きている事を。被害者ご遺族が心より癒されます事を願います。ただ痛恨！　　　　　　　（2008年8月11日記）

　我が刑死待ちて望みし人ありて
　　慎しめる事慎しみて生く

服部純也（36歳・東京拘置所）

三島短大生焼殺事件（2002.1.23）
1972年2月21日生まれ
2004年1月15日　静岡地裁沼津支部（高橋祥子）にて無期懲役
2005年3月29日　東京高裁（田尾健二郎）にて死刑判決
2008年2月29日　最高裁（古田佑記）にて上告棄却、死刑確定

　何を言っても言い訳になってしまいますが、人の命を奪うという人として一番してはいけない事をしてしまったからこそ命の尊さ大切さが知る事が出来たし、被害者や遺族の苦しみや悲しみや怒りも知る事が出来たのです。何を今更と思うかもしれないですが、この思いは誰よりも強く感じています。出来る事ならもう一度最後のチャンスが欲しいです。誰よりも誰よりも命の大切さを知っているのが死刑囚なのです。分かって下さい。

　外部交通も制限されているし、もっと幅広く考えてほしい。何の為の誰の為の新法ですか？　今のままだと役人の都合の良い新法でしかなく、私達の事を考えた新法とは言えないです。

長谷川静央（66歳・東京拘置所）

宇都宮実弟殺人事件（2005.5.8）
1942年8月6日生まれ

2007年1月23日　宇都宮地裁（池本寿美子）にて死刑判決
2007年8月16日　東京高裁（阿部文洋）にて死刑判決
2008年3月17日　上告取下げにより死刑確定
無期懲役の仮釈放中の事件。

　自分の自叙伝を含め、作品を九部持っているが、その原稿用紙の投稿許可が下りないので、果たしてそれは法律上禁じられているのかをはっきりと知りたい。

松村恭造（27歳・大阪拘置所）

京都・神奈川親族殺人事件（2007.1.16/1.23）
1981年8月3日生まれ
2008年3月17日　京都地裁（増田耕兒）にて死刑判決
2008年4月8日　控訴取下げ死刑確定

　死刑囚として殆ど全てにおいて制限された現在の状況下では、手紙の受信が最大の楽しみの一つです。アンケート用紙の送付文とはいえ、大変嬉しく拝見しました。
　この便箋に綴る内容は、アンケートへの回答の続きです。

　さて、私の事件について少し説明します。2007年1月16日に京都府長岡京市で伯母（父の姉）を殺し、23日には神奈川県相模原市で大伯父（母方の祖母の弟）を殺し、その日のうちに逮捕されました。両件とも殺害後、金品を奪っておりますので、2件とも強盗殺人罪で起訴されました。さて、私は捜査・公判前整理手続において完全黙秘を貫き、犯行についてやったかやってないかさえ口をつぐんでおりました。その理由は、わが国の司法機関、警察・検察・裁判所に対する「意趣返し」です。「ははーん、アイツらは知りたがってる。でも教えてやるもんか。ざまァ見ろだ！」というところでしょうか。恥ずかしながら、私は18の時から警察沙汰の繰り返しで、前科（01年8月・罰金、06年9月・執行猶予で釈放）もあります。その警察沙汰の繰り返しのなかで、警察から暴言など精神的苦痛は序の口として、肉体的暴力も

多々受けてきました。また、前刑では初めて刑事裁判を体験したのですが、弁護人（国選）から「執行猶予が付く事件だから。言い分を言うと情が悪くなって不利になるから」と言われ、結局言いたいことは何一つ言えず、公平な裁判を受けることが出来ませんでした。以上の経緯があって、私はこの国の司法機関に不信・憎しみを抱き、今回の事件では完全黙秘となったわけです。

　ところが私本人の調書が一切ないにも拘わらず、裁判で私本人に対する被告人質問は、弁護人・検察官それぞれからのたった計2回行われただけでした。当然供述は事件及び事件前後の行動の説明のダイジェストのみで終わり、私の主張・動機・心理・情状等は一切無視されたまま終わり、事実上状況証拠だけで、「事件当時金なかったんでしょう。殺した後金盗ってるんでしょう。ならば金目当ての犯行です」と三段論法で、こちらの主張が一切汲まれぬまま、まことに表面的で薄っぺらい判決理由による死刑判決が私に下されたのです。

　判決に対しては、「自らの死を覚悟して起こした事件」なので、過程はどうであれ結果には不服をもたず、実質控訴しませんでしたが……（死刑判決が確定すると外部交通が制限されるため、身辺整理の面会・文通が片づくまでの予定で控訴し、1週間で取り下げた）。

　死刑囚は、拘置所の回覧新聞を読めるので、毎日、時事ニュースに触れられるのは生活の中の数少ない楽しみの一つですが、詳しいことは覚えておりませんが、某県で中学生の少女が就寝中の父親を包丁で刺し殺すという事件が最近起きましたよね。気になって、事件の捜査のその後をずっと追い続けて記事を読んでいましたが、ハッキリ犯人である少女が従順に自供し、何があったかよく分かっているあのような事件でさえ、20日間の捜査期間を目一杯使って、捜査員が走り回って、少女のケイタイを押収してメールの履歴を調べたりして、少女が父親を殺すに至った動機の心理の機微を徹底的に調べていたではありませんか。人が殺されるという殺人事件は、つまりそれだけ犯人の心理の機微が重要なポイントであるわけです。

　にも拘わらず、私の裁判は、先程簡単に述べたように、私の話は一切聞かない、私が何故今回の事件を起こしたかについて検察官も裁判官も全く興味を持たず、「強盗殺人罪には死刑か無期懲役しかありませんね～。2件となると死刑が相場ですね～。死刑にしましょうか、どうしましょうか～」とい

う、いわば単なる「量刑」裁判でした。
　今振り返ってみて、とても悔しいです。

　話は変わりますが、実は私個人の願いですが、福島さんにぜひともお願いしたい事があるのです。死刑判決が確定し、死刑設備のある大阪拘置所に移ってすぐ、私は今後も外部交通（文通・面会）を続けたい人の申告表を書かされました。私は５人申請して、そのうち４人は通ったのですが、一人は通りませんでした。その方は、一番熱心に手紙を下さり、死刑判決確定前には２度面会に来て下さり、現金の差し入れもして下さるほど、心から私のことを心配をして下さっている方なのです。申請が通らなかったことを残念がり、その後も母に度々連絡して下さって「なんとかならないですかね」とおっしゃっているようです。
　その方に対するメッセージを母宛の手紙に箇条書きに書いたところ、主任（死刑囚担当の看守の一人）と書信係がスッ飛んできて、「許可されていない"第三者との意思の疎通"はダメなんや」と削除を命じられました。その後も、許可された人からの手紙に、許可されていない人からのメッセージが書かれていると、真っ黒に塗りつぶされてからくるのです。「××さんによろしく伝えてネ」程度の"挨拶"は通るのですが、以後も少し具体的なことを書くたびに、受発信とも、前述の"第三者との意思の疎通"だといわれて強権でストップさせられてしまうのです。
　連絡を取れる人がものすごく限定された上（それも不透明な基準で）、それ以外の人とは一切のやり取りがいかなる方法でもシャットアウトされてしまうのは大いに苦痛です。
　また、私は事件前後も含めて、いくつか禍根やトラブルを抱えていて、未来に待ち構えている「処刑」という絶対的な事実を前提として、それまでの残された時間を少しでも心安らかに送りたいと思っているので、前述の禍根やトラブルの相手に対し、誠意ある対応・説明、あるいは謝罪、補償などを求める手紙を出したい（自分の恨みつらみを冷静に理路整然と文章にするその作業の過程だけでも少しは気が晴れます）のですが、それも「許可されていない相手」ということで一律にシャットアウトなのです。
　死刑判決が確定して３日や１週間以内に執行、これは分かります。本人が何も分からず、パニクッている間に早々に処刑して全て終わらせてしまうの

ですから、ある意味人道的ですからね。

　でも実際にはわが国では、「お前は死刑だ！」と宣告した後、処刑がいつ行われるかも告知されないまま、生きがいも与えられないまま、無駄に何年も閉じ込められて生かされ、絶望を自覚させられた上、長期間、精神的・肉体的苦痛を味わわされるのです。この事は、死刑そのもの以上に非人道的だと思います。

　先程書いたように、残された時間のなかで、最大限愛する、心を通じあえる人たちとなるべく多く面会・文通したり、過去の蟠（わだかま）りを少しでも少なくすることで、ちょっとでも自分の置かれた状況や"処刑"という唯一絶対な未来（結末？）を納得して受け入れられると思うのです。

　ところが、死刑囚がおかれた現状は、先に例を挙げた手紙の件でも分かるように、とてつもない不自由に不自由を重ねた状況のなかにおかれているわけです。まさに「籠の鳥」です。

　前置きが長くなりましたが、つまり福島さんにお願いしたいのは、死刑廃止運動を進める、つまり"将来の"人たちを救う運動を進めるとともに、"現在の"死刑囚を救う活動を行ってほしいのです。私たち死刑囚を管理している法律が、監獄法になるのか何なのか詳しいことは分かりませんが、もうちょっと緩和されるよう、国会の審議の場で働きかけてほしいのです。せめて普通の未決囚と同じ程度に外部交通の自由がほしいというのが私の切なる願いです。

　長々と書きましたが、最後に私の近況、心境について記しておきます。死刑が確定してまだわずか4カ月しか経っていませんが、私の中では大きな変化が生まれています。大阪拘置所に移ってきた当初は、正直ふてくされていて、看守に対しても「管理する側」←→「管理される側」という関係式でしか見ていませんでした。ところがこのひと月ほどで私の中で意識が変わってきて、簡単に言うと、「私は決して大勢いる"管理される側"の"1"なんかじゃないんだ」ということです。最近では、朝顔を合わすたびに自分から元気良く「お早うございます！」と挨拶するようにしています。すると、たいがいの看守は機嫌良く「おう、お早う」と返してくれますし、そうした声掛けを続けるうちに、最近では心なしか私が挨拶をするのを楽しみにしてくれている看守も増えたようだし、向こうから積極的に雑談（といってもたわいない話題ばかりですが）を持ちかけてきてくれる看守もできてきて、個人

的な繋がりもできました。今は世間（外部）の人に対して、「世間の人が思う死刑囚のイメージなんて、狭い独房に閉じ込められて、ずっと死に怯えている、そんなでしょう。でも実際には死刑囚でも、自分が変わる事でこんなにポジティブに明るく過ごせるんですよ。あなた方は自由の身ではありませんか。ならば自分が変わる事でもっと大きなものを摑めるはずです」というメッセージを訴えかけたいです。

　おいおいそういった今の心境を文学作品として外部に発表するチャンスも来るかと思います……。

　アンケートの回答としてはだいぶ長くなりましたね。最初に書いた通り、お手紙をいただいたことで随分元気づけられました。あなたの今後のご健闘をお祈りしています。

八木茂（58歳・東京拘置所）

埼玉保険金殺人（2件）、同未遂事件（1件）（1995.6.3～99.5.29）
1950年1月10日生まれ
2002年10月1日　さいたま地裁（若林正樹）にて死刑判決
2005年1月13日　東京高裁（須田贒）にて死刑判決
2008年7月17日　最高裁（泉徳治）にて上告棄却、死刑確定

　集会で皆様に、平成の大冤罪を訴えてください。4人もの市民をもう9年間獄中に入れており、1人は死刑にされるのです。4人は死体も見ていないのです。

　無実で獄中生活を強いられていることが一番苦しい、とても辛いです。

　以前は女房と文通していたが、今年2月に病気で亡くなった。女房には冤罪が晴れるまで生きていて欲しかった。とても残念でたまりません。
【追記】
　私の弁護団は9名おりますが、平成21年1月30日にさいたま地裁に再審請求を致しました。

（2009年2月23日記）

匿名男性A

　誰にでも関わってもらえるのは有り難いですが、以前の弁護士会の調査同様、形式だけで終えられてしまうと、その後のゆり戻しと反動から覚える失望も相当なものになるので、できるなら本腰を入れて、本気で乗り込んでくるぐらいの気概でやってもらえると助かります。普通は13人殺せば立派な大量殺人者でしょう。現在の死刑確定者の誰よりも、多くの者を一人で殺しておいて、（鳩山法相は）悦に入っている。また、それを誰も指摘できないでいるのはどうかと。言うべき立場の人達まで黙るから、余計それがまかり通る世の中にしてしまっているようにみえてなりません。

匿名男性B

死刑制度について
　現在の日本では世論調査を取っても、毎回死刑制度の廃止より存続意見の方が上回っているのが現状です。それも当然のことで、日本のジャーナリズムというのはひとたび凶悪事件が起きると、まだ犯行について自供もしていない内から、容疑者や被告人らを極悪人扱いにします。容疑者らの弁明を訊くこともなく、一方的な官側の発表をう呑みにして、裁判を始める前から極悪非道のレッテルを貼ってしまうのです。被害者遺族の報復感情をあおって容疑者らを「殺せ～～ッ!!　とっとと吊るしてしまえ～～ッ!!」の大合唱です。まさに、世論をリンチ容認の方向へと誘導しているかの有り様です。
　たしかに凶悪な事件が起きていることは事実だし、またその事件について、マスコミ各社がどのように報道しようともこれまた自由です。ただ、みなさんに知っておいてもらいたいのは、そうした大騒ぎの裏で死刑の執行が取り行なわれているという事実です。今現在、大騒ぎされている渦中の容疑者ではなく、拘置所で何年も何十年も反省の日々を送ってきた人たちが、死刑囚として吊るされているのです。本人たちも「若い頃は思慮が足りなかった……」申し訳なかったと反省して、拘置所内で仏教に帰依したり洗礼を受けてクリスチャンになったりしています。そうした人たちも一律に極悪非道の死刑囚というレッテルを貼られたまま吊るされているのです。

現状（現在）で起きている凶悪事件の報道が過激であればあるほど死刑の執行がやりやすくなる。法務省からすれば、事件が大きく報道されればされるほど「世論は死刑執行を支持している」ということになるからです。しかし今も述べた通り、現在の過剰な報道によって、当局から「今が執行のチャンスである」とばかりに、独居房から引きずり出され、吊るされてゆくのは、何年も何十年も罪について反省の日々を送っていた人たちなのです。同じ立場でもある私がいうのも変ですけど、彼らは一様におとなしく普通の人です。長い収容生活にもかかわらず、一度としてあばれたり問題を起こしたりしたこともありません。中には職員らから"紳士"と呼ばれ慕われている死刑囚の方もおられます。私から見ても、なぜこの人が……と思えるくらい普通の人なのです。世間の喧騒の裏でひっそりと吊るされてゆくのはこうした普通の人間性を取り戻した、まことに穏やかな人々であるということをぜひ知っておいてもらいたいのです。
　おのれの犯した罪を認め、長い長い獄中生活の中で、被害者やその家族らに対して反省の日々を送っている者たちをいくら吊るし続けても何の解決にもならないと思います。日本には死刑制度があるので凶悪犯罪の抑止力になっている……などと考えるのは人間の本質がわかってない者の戯れ言だと思います。
　世間から凶悪と呼ばれる事件を起こした者、又はこれから他人を傷つけてやろうと考えている人間が「ここまでなら懲役〇年だろうけど、これ以上は死刑になってしまう……だからこの辺で止めておこう」などと、計算にもとづいて犯罪を行うわけがない。その多くの根本的原因は、精神的に追い詰められての凶行がほとんどです。裁判で「計画的であった……」などと指摘されたとしても、やはりその前提には貧困や恐怖、社会に対しての身の置き所のない不安や絶望感が、その者たちを凶行に走らせてしまったのだと思います。その瞬間というのは、誰もが精神を病んでいた状態であったともいえるのです。そして逮捕、起訴され……ゆっくりと考える時間がもてるようになってはじめて「はッ!!　自分はなんというバカなことをしてしまったのだ」と、目を覚ますことになるのです。そしてその日から自分の犯した罪の深さに対して、後悔と反省の日々を送ることとなるのです。
　死刑囚の中には、「一日も早く殺してほしい」と叫んでいる者もいるようですが、本気で命を絶ちたいと願うのであれば、いくらでも方法はあります。

自分で死ぬことも出来ず、当局に殺してほしいなどと言い触らしている連中は、すでに精神に異常をきたした病人ともいえます。そうした人間性を欠いたほんの一部の死刑囚と、毎日心穏やかに反省の日々を送っている多くの死刑囚とを同等に扱わないでいただきたい。事件の重大さは同様であったかもしれませんが、その後の人間性を見たとき、ほとんどの死刑囚は過去を振り返り、悔い改め、生まれ変わった思いで今を過ごしているのです。ロープを首にかけられるその日まで一日一日を大事に生きているのです。……何度もいうようですが、このように本来の人間性を取り戻した人間を、何十人吊るそうとも、なんの解決にもならないのです。死刑制度があろうが無かろうが、心のケアがきちんとサポートできる社会でなければ、今後も凶悪と呼ばれる犯罪は決して無くならないと思います。

　ちなみにみなさんには家族がいますか。

　愛する子供……かわいいお孫さんがおりますか。みなさんはその愛しい子供や愛くるしいお孫さんの首にロープをかけて、力いっぱい引っ張ることができますか。細くて白い首に巻いたロープを、おもいっきり絞め上げて殺すことができるでしょうか……"死刑"とはそういうことなのです。

　現在、世間から死刑囚と呼ばれ、首にロープをかけられる順番をまっている者たちも、元はといえば祖父母や両親にまとわりついてキャッキャと笑顔をふりまいていたカワイイ孫であり子供たちであったのです。犯罪を犯した時点で成人に達していたとしても、その者の祖父母や両親にとっては、いくつになっても孫は孫。子供は子供のままなのです。たとえ死刑囚というレッテルを貼られようとも、親にとってはあの生まれたときのカワイイまんまの子供なのです……。

　たしかに、自分の肉親の命を奪われた被害者の家族にとって犯人は憎い。自分の手で殺しても飽き足らないほど、犯人のことが許せないと思います。私自身、もし愛する家族が殺されようとしている現場に居合わせたとしたら、私はちゅうちょなくその犯人を殺すと思います。それくらい人間のもつ怒りというものは、すさまじいものがあると思うのです。

　しかし、そのときの行為がいくら正当防衛であったとしても、人の命を奪うということに変わりはありません。正当性が認められ、法律で罰せられなくても人の命を奪うということに変わりはないのです。犯人側にも家族がいて、たとえ正当防衛であっても「なにも殺すことはないではないか……」と

逆に恨みの気持ちをもたれるかもしれません。怒りとか、憎しみの心というのは、やはり憎悪しか生み出さないのだと思います。殺されたから殺し返せ……行き着くところは殺し合いの戦争です。

　……これは決して死刑囚たちのことを弁護するものではありませんが、みなさんは自分のご家族や肉親である親族らが、誰一人として法律に触れるようなことをしないと思いますか。

　今、ニコニコして幼稚園や学校へ通っている孫や子供たちが将来にわたって絶対に犯罪を犯さないといい切れますか。小学校、中学校、高校……と何事もなく卒業し、希望通りの大学へも合格できた。ところがその後就職した会社の同僚や上司との人間関係がうまくゆかず、会社を辞めることになった。別の会社に勤めてはみたものの、以前と同じで職場での居場所が無くなり、ついには自宅で引きこもりとなってしまった。家にいればいるで家族から「サッサと仕事をさがしてこい‼」などと毎日責めたてられる。そのうち将来に対する夢も希望も持てなくなって、ついには「もうどうにでもなれ、まわりの奴らをブッ殺して自分も死んでやる……皆道連れだ〜〜ッ」

　みなさんの肉親の中で、こういった人間は絶対に現われないといい切れますか。昔も今も、凶悪事件が起こるたびに「まさか、うちの子が……」とか「なぜあのおとなしかった娘さんが……信じられない」などと、肉親らが驚きのコメントを出しますが、これはまったくの他人事であり、自分たちとは別世界の出来事であるから関係がないと無視できるでしょうか。よく犯罪を犯す者は特別な人間であるように思われがちですが、決してそんなことはありません。皆、笑ったり泣いたりするごく普通の人間なのです。逆にいえば、今、世間で普通に生活しているあなた方のまわりの人間が、ある日突然自暴自棄になって他人に襲いかかるようになるかもしれません。誰も他人が抱えている悩みはわからない。自分の家族の心の内面だって理解できてるとはいいがたいのではありませんか。今現在、平穏に暮らしている肉親の中から、ある日突然凶悪犯又は……死刑囚と呼ばれる者が出てくる可能性だってあるのです。

　「まさかあの子が……あの人が……」ではなく、感情をもっている人間ならば、誰でも、いくつになっても、凶行に走る可能性を秘めているということです。

　事件のたびに、まるでモンスターのように扱われる犯人であっても、キチ

ンと面と向かって対話してみれば、実に礼節をわきまえた人間であることが多いのです。どこにでもいるまったく普通の人たちなのです。そういった、ごく普通に暮らしていた者が、金銭や愛情のトラブル、怨恨などの想いの深さによって追い詰められ、ある日突然感情が爆発してしまうということになるのです。

　私自身、死刑囚と呼ばれる中の一人ではありますけど、いますぐに、死刑制度の廃止を叫ぼうとは思っておりません。世の風潮を見ても直ちに死刑廃止の実現にはいたらないと思うからです。それよりも、今順番待ちをしている死刑囚たちが主張しているのは「吊るすなら吊るす（殺るなら殺る）で責任をもって殺ってくれ」ということです。どういうことかといいますと、死刑囚の中には共犯として起訴されたのに、一方の者は死刑を言い渡され、片や残りの者は極刑判決ではなく、無期又は有期刑の判決を下された者が多くおります。そうなると、命を断たれる死刑と今後生き続けられ、社会復帰の可能性が残る無期刑との境は何だったのかということになるのですが……。
　これがまたなんとも杜撰きわまりない認定によって生死を分けられているのです。裁判では複数犯の場合、主犯的立場であったのか、もしくは従属的な立場で犯行に加わっていたのかが重要なポイントになるのですが、裁判所による判断のおそまつなこと……その実態を知れば誰もが呆れ返ると思います。だから彼らからすれば、「吊るすのなら吊るしてくれ!!　ただし自分に極刑を言い渡した裁判官全員が立ち会って、その手で責任をもって死刑の執行を行ってもらいたい」、そう叫びたい思いで毎日を過ごしているのです。仲間とともに悪事を起こしてしまったのだから罪は償う……極刑とされ、吊るされることに対しても文句はいわない。ただ、死んでゆくにしても自分が犯行を計画し、実行したのだという裁判所の認定には到底承服できない。（死刑囚の中には冤罪を訴えている者もおり……）それでも自分一人だけを死刑にするというのなら、判決を下した裁判官自身の手で吊るしてもらいたいと訴えている死刑囚はたくさんいるのです。
　彼らが何をいいたいのかというと「犯罪者であっても、その命を奪う際は責任と確固たる信念をもって殺ってもらいたい!!」そういうことなのです。いいかげんな罪状の認定で死刑の執行を行うということは、国による"無差別殺人"を行っているのと同じことなのです。現実の日本の裁判というのは、

本当に驚くほど杜撰に行われています。犯行に使用されたとされる凶器が未発見であろうと、物的証拠が一切なかろうと、自白がなかろうとも、共犯者の作り話を参考に「検察が起訴したのだから……」のひとことによっていとも簡単に死刑判決を下すのがこの国の裁判官たちなのです。他人の命など書類一枚の重さより軽いと考えているのが、日本の裁判官なのです。
　そこには信念もなければ、人間の命を奪うことについての責任感もまったく持ち合わせていない。裁判官らが、判決を下すにあたってまず一番に考えることは、その判決によっていかに自分の（権力の）立場を増やせるか、又自分の責任をいかにして回避できるかということなのです。まかりまちがって、国や政府に対して不利な判決を下してしまった場合、その裁判官は翌年地方に飛ばされるか、人事面での制裁を受けることになってしまう……だからこそ、日本の刑事裁判の有罪率は、99.98％という異常な数字のままなのです。

　死刑制度について議論をする前に、現在のゆがんだ裁判の実状を正してもらいたい……それが正常になってはじめて、死刑存廃の議論でしょう。
　現在の死刑囚の中には、とても死刑に値しないような内容で判決を受けた者がいます。このような者を、なんの再調査も行なわず吊るしてしまったとすると、まさに国家による虐殺ということになります。だからこそ、今の不公正な裁判を正してほしいのです。司法に関わる者一人一人に、責任と自覚をもたせてやってほしいのです。
　日本もいよいよ裁判員制度が始まります。色々と賛否両論が続いているようですが、現行以上に悪くなることはないだろうということで私は賛成です。これまでは黒い法衣に守られて、好き勝手にやりたい放題やって来た裁判官たちが、短期間であるとはいえ、一般市民の目にさらされることになるのですから、これまでのような手抜き裁判はできなくなります。そうなれば、少しは現状に見合った判断がなされるようになるでしょう。
　今後、裁判員制度が始まり、実際に裁判員となって被告人を裁く方々にお願いしたいことは、（死刑判決を支持した裁判員は、その死刑囚の刑が執行される現場に立ち会ってもらいたい…いや、立ち会わなければならない）、そう希望します。
　裁判員も、信念をもって被告人の死刑を支持したのですから、責任をもっ

て死刑囚の命を絶つ現場に立ち会っていただきたい。これこそが多くの死刑囚たちが望んでいることなのです。とはいっても法律では、今のところ死刑執行の現場に、一般市民の立ち会いは認められておりません。だからこそ、いきなり"死刑制度廃止"の議論より、着実に一歩前進させるための"裁判員の死刑執行現場立会い"という法律の制定をお願いしたいと強く望むのです。裁判員という一般市民の目の前で、人の命が絶たれてゆく…そのことが良いのか悪いのかを、実際に経験（体験）させてみてはじめて死廃の議論につながってゆくと思うのです。

　現在は、事件の犯人として、マスコミからさんざん極悪人呼ばわりされた死刑囚たちが、法務省関係者らのハンコをポンポンと押されただけで吊るされている現実があります。そしてその現場には、死刑判決を下した裁判官も、死刑の執行命令書にサインをした法務大臣も、誰一人として立ち会いません…。

　犯罪者であると呼ばれた者には、人並みの人権は与えてもらえないのでしょうか。死刑判決書を書いた裁判官たちも、判決を下したあとのことは、知ったこっちゃないということでしょうか。法務大臣にしても、自分の任期中に何人か殺っておくか…それぐらいの感覚なのでしょうか。これではあまりにも無責任すぎます。被告人の命を絶つ!!　と決定を下した本人たちは、誰一人として死刑執行の場に立ち会わず、まったく関係のない拘置所の職員たちが人殺しをさせられてしまうのです。職員らだって、何の恨みもない人間を獄中から引っ張り出し、首に縄をかける仕事が楽しいはずがありません。みんな心の中では、裁判官や法務大臣に対して「あんたらが責任をもって殺ってくれ!!」、きっとそう叫んでいると思います。お偉方は、汚い仕事だけを下の者に押しつけて、自分たちはいつも責任を回避できる高みで見物していることを、いまいましく思っている職員は多いと思います。たとえ死刑囚として国家の手で殺されてゆくにしても、その決定を下した関係者たちは、責任をもって執行の現場に立ち会うべきでしょう。

　今の日本の官憲は、すべてにわたって責任を取ろうとしません。何もかも他人まかせにして、汚いことはすべて立場の弱い末端の者に押し付けます。問題が起こったとしても、幹部は知らん顔で無関係を装うのですから、その部下も上役に倣って無責任な人間に育ってゆくのは当然のことといえるでしょう。

長々と生意気な意見を申し述べてきましたが、死刑囚の一人として、思いついたままの気持を書きました。
　世間からみると、死刑囚という存在はなにやらおどろおどろしく得体の知れない生き物のようなイメージを持っているのではないかと思います。実は私自身、自分がそのように呼ばれるようになろうとは夢にも思っていませんでしたが、実際にそう呼ばれる前までは死刑囚なんて普通の人とは違う別の生き物である、そう思っていました。
　しかし、実際私が目にした死刑囚たちは長い長い獄中生活にもかかわらず、鬼のような形相をしているわけでもなく心が荒んで暴れまわっているわけでもありませんでした。皆、一日中静かに本を読んでいる姿があるだけで、まったく普通の人たちなのです。
　死刑が確定すると、肉親などの限られた者としか接触がもてなくなりますが、この法律だけは撤廃すべきだと思っています。以前のように一般人と死刑囚たちとの接触を許し、本当の死刑囚が、どのような考えをもった人間であるのかを、もっともっと多くの人間に知ってもらいたいと思います。そうして一人でも多くの人が死刑囚と接することで、死刑制度に対する考察を深めてくれるようになるのではないかと思います。
　死刑囚…それは決して特別な存在ではありません。同じ時代に生まれ、育った同じ人間なのです。
　私も死刑囚と呼ばれる中の一人ですが、捜査段階から一貫して無実を訴えている分、他の多くの死刑囚の方々より死刑制度・存廃については客観的に語れると思い、一言述べさせてもらうことにしました。
氏名については、匿名でお願いします。私自身はどうでもいいのですが……肉親のことを考えると、二度と私の話題で迷惑をかけたくないのです。ヨロシクお願いします。

【追記】
〈死刑執行の現場から……〉
　先日（平21.1.29）私の暮らす名古屋拘置所で、二人の死刑囚が吊るされ死にました。二人ともよく知っている若者で、私と同じこのビル内で５年あまりもの間、寝食を共にしてきた仲間でした。内一人は私と同じ階で、約２メートルほどのローカをはさんだ、真向いの部屋で生活していた若者でした。

いつもニコニコと、静かに暮らしておりました。
　マスコミの報道では一切触れられておりませんでしたが、彼には片足が無かった。片足のヒザ上10センチ程のところからスッパリと切断されており、フロ場や運動場などへ連行されて行く際にはいつも義足を取り付けて、カタン、カタンとローカの床を鳴らして歩いていったものです。私とも、よくフロ場で一緒になるときがあり、その際には彼の義足の装着を手伝ってあげることもありました。そんなとき彼は、
　「あッ、ありがとうございます……申し訳ないです」
と、実に礼儀正しいあいさつを返してきたものです。
　そんな義足くんでしたが、ある日突然"あッ"というまに吊るされ、この世から消されてしまったのでした。5年間ものあいだ、ともに励まし合って生きてきた仲間であっただけに、義足くんの突然の執行はとてもショックでした。
　その日もいつも通りの順番で、朝一番に運動場へ連れ出された私は、軽いストレッチとジョギングをこなし、30分後再びもとの自分の部屋へと戻されました。次は向いの部屋にいる義足くんの番です。わずか2メートルほどの距離にいる義足くんに向かって手を振れば、彼もニコニコして手を振り返してくれます。連行に来た職員らの手を借りて、義足を取り付けた義足くんは、しっかりとした足取りで立ち上がり一度私の部屋の方へ顔を向け、
　「じゃあ運動へ行ってきまーす」
と笑顔であいさつし、いつものようにカタン…カタンと床を鳴らしてエレベーターの方へと連れられて行きました。私は自分の部屋の窓からその様子をながめ、義足くんの背中に向かって、
　「外は寒いけど、しっかり体を動かしてこいよ」
と心の中で声をかけ、見送りました。これで、いつもなら義足くんも30分ほどで帰ってくるはずです。ところがこの日に限っては、いつもと様子が違いました。義足くんが部屋を出てから数分後、別の職員がやって来て何やらあわたしく彼の部屋から荷物を外へ出しはじめたのです。当然その様子については目の前の房にいる私にもまる見えです。
　「…いったい何を始めたんだろう？」
としばらくその様子をながめていました。が、次の瞬間"はッ"と思い当たりました。

「ま、まさか義足くんを殺ったんじゃ…う〜ん!!」
おもわずその場でうめき声を上げてしまったくらいです。
　まさにたった今、階下の処刑場で義足くんを吊るして殺害したのだと確信したのでした。だからこそ大急ぎで彼の荷物を片付けはじめたのです。他の収容者たちは誰ひとりとして気付く者はいませんでしたが、常に死と隣り合わせの生活を強いられている私たちにとっては、日常の規則正しい行動パターンと少しでも違う動きがあると、とたんにピーンと感じてしまうのです。それが死刑囚と呼ばれる者の悲しい性なのかもしてません。
　そこで私は自分の疑念をどうしても確かめたくなり、この階の担当職員をつかまえ率直に義足くんのことを尋ねました。
「たった今義足くんを殺っただろう!!」
と何度も問い詰めましたが、その職員はうつむいたまま
「自分の口からは言えん…夕方のラジオニュースで聴いてくれ」
と口を閉ざして何も答えてはくれませんでした。私はその様子から、もう義足くんの死はまちがいないと確信しました。
　そしてその日の夜、室内放送でのラジオニュースで義足くんの死が報道されました。全国で４人、ここ名拘では２名の死刑執行が行われたと知ったのでした。

　それにしても、現実の死刑というのはまことに呆気ないもので、本人はこれから自分が吊るされに行くことも知らされず、ちょっと運動や入浴へでも連れて行かれるかのごとく、職員らにダマされて地階の処刑場へと連れて行かれるのです。そして有無もいわせず首にロープをかけられガターンと吊るされてしまうのでした。
　これが私の目にした死刑執行の現実です。

　たしかに義足くんたちは重い罪を犯しました。けれども、いくら犯罪者であるとはいえ、あんなに礼儀正しくもの静かに暮らしていた若者を、何の告知もなくいきなり連れ出して殺してしまう制度とは……この国の司法も負けず劣らず極悪非道といえるのではないでしょうか。私の目の前でニコニコと笑っていた若者が、治安維持という名のもとで次々と殺されてゆく。これが本当に社会正義といえる制度なのでしょうか。つくづく考えさせられる出来

事でした。
(また)

　義足くんたちは、わずか数分で命を絶たれてしまったわけですが、その日は何事も無かったかのごとく平穏に一日が過ぎてゆきました。そして翌日には主(あるじ)を失った向い側の房に新たな被告人が入れられました。もちろんその被告人は、昨日までその部屋で生活していた人間が、吊るされ死んだことなどなにも知りません。今も配られたゴハンをおいしそうに食べています。多くの人間が生活している同じビル内で、次々と人間が吊るされ殺されているのに、そのすぐ上のフロアではまるで何事も無かったかのごとく、職員たちはケラケラと笑い声をあげながら歩いているのです。まるでそのことが当然といわんばかりにです。どう考えても異常でしょう。

　今回、こうした死刑執行という一連の経緯を目の当たりにして、あらためて私の暮らすこの施設は、人間を機械的に殺してゆく殺人施設なんだと思い知らされました。

(2009年2月17日記)

■ 匿名男性C

　現在の(保岡)法相が、終身刑について「残酷な刑」と評していることについて。

　私個人の考えを述べさせていただきます。人それぞれ考え方が違うと思うのですが、死刑囚の私にとっては、(…もし死刑制度が廃止された上で)終身刑となるならば、少しも残酷なことではありません。むしろその逆です。

　勿論…と言っては何ですが、…もし無期刑で済むはずの人が、終身刑になるならば、当然残酷なことだと思います。

　終身刑の囚人の処遇が困難である、ということも法相が述べてますが、本当に困難なことなのでしょうか？

　少なくとも、今現在の死刑囚の中で、終身刑になったからといって荒れた生活に変わる人などいないと思うのですが、私個人のことでいうならば、より安定したより静かな生活を送れると信じています。もちろんより正しい人間として生活するべく努力するでしょう。

但し、先程の例と同じで、無期刑で済むべき人が終身刑となった場合、どうなるのか不明です。

しかしいずれにしても、もし終身刑を導入するならば、それにふさわしい生活プログラムを新たに考えていけばいいのではないでしょうか。
法相や、一般の方々には、塀の中は不毛な場所、不毛な時間、不毛な生活…生きている価値のないもの、…とうつるのかもしれませんが、それはただの妄想です。塀の中でも、人として正しく生まれ変わり、自分のなした罪と向き合いながらも、充実した生活を送ることができるのです。誰でも（私も）与えられている環境の中で、（人として）最善のことを尽くすことができるのです。

▌匿名男性Ｄ

死刑と終身刑について
１、保岡法相は、終身刑は死刑より残酷であり賛成しないとし、死刑存置すべきとの考えの持ち主である。
　残酷であるとの理由は、一生外に出られないという絶望感を抱くからとしている。もし仮にそれが真であるとするなら、近い将来に殺されるかもということに絶望感を抱くことはない、となる。仮に抱いたとしても、一生外にでれないということによる絶望感より小さいことになる。
　誰が考えてもそれは偽りであることは明らかである。法相たる者、もう少し論理的に物事を考えてほしいと願うばかりである。
２、終身刑は絶望的となり、暴れ出したり、事件を惹起する蓋然性が高いので、管理するのが大変である、という意見がある。
　仮にそうであるとすれば、死を宣告され、生きる望みが絶たれて絶望的となり、暴れるなどの方がよほど高いはずである。ところが、死刑確定者の中にはそのような所業を起こす者はいない。暴れたり事件を惹起する等管理運営上支障を来す者は、短期の被収容者である。
　すなわち、上記の意見にしても根拠が全くない憶測であって、死刑制度を維持するための方便なのである。

3、保岡法相は、日本には死をもって償いそれを潔しとする文化がある、と法相就任時のコメントを新聞に載せていた。

　それが文化といえるかは疑問であるが、仮にその文言が真であるとしても、それは能動であって、死刑は受動である故、死刑存置の理由にならないことは明白である。能動を受動に言い換える手法は、明らかに問題のすり替えであって、例えにならない例えで国民をだます自民党のお家芸である。

　以前、伊吹が「いまは小泉さんの手術の後遺症で痛みが発生してるので、それに対しどのような治療をすべきなのかを考えなければならない」と発言していた。政治は手術ではなく、手術に例えることが真か偽りかを問うことなく一方的に政治＝手術と例えることは問題である。この伊吹の発言で、おそらく多くの人は「なるほど」と思ったことであろう。これが自民党の姑息な手段なのである。

　因みに最近では自民党のお家芸が、公明党や民主党にまで蔓延しているような気がする。元々そういう体質なのかもしれないが。

4、鴻池祥肇が「打ち首、獄門、市中引き回しの刑」を発言したことは、周知の事実であり、それに対し賞賛する輩もいる。

　しかし彼がそのような発言をしたことよりも、彼が選挙で当選したことの方が問題であり、余程深刻である。

　鴻池にしても、悪の権化である竹下、中曽根、岸、金丸、小泉、安倍、福田等々挙げ出したらキリがないが（小泉も安倍も福田も親子共方）、このような輩が当選し、しかも国民のことを全く考えない自民党政権が延々と続いたことも、全てこいつらを支持した国民のせいである。

　そのような国民が、果たして裁判員になりまともな判断が出来るだろうか。

　米国の利益だけの為の民営化に賛成し、劇場型の小泉に騙された国民に、被告人の一生を左右する判断を任せられるのだろうか。今は、劇場型を悪の権化の麻生に求めている者が多いことに、ただただ呆れ返るばかりである。

　被害者意識を過度に共有し、「ありき判決」に賛同するのが落ちになることが目に見えるようである。

5、思いやり予算で米国の為にジャブジャブ金を使い国民の生活が苦しくなっているにも関わらず、福田支持はまだ3割位ある。これは相当な数である。3人に1人位が福田支持なのである。

　そのような者に裁判員を任せられるだろうか。

裁判員制度は、結局のところ官僚主導をより強固にするものである。また国が有無を言わさず強制することは、徴兵制と何ら変わらない。

6、米国を思いやるよりも、それらの全額（防衛費も含む）を被害者のために、そして社会保障に利用する方が先決ではないでしょうか。

それが本当の「思いやり予算」である。

匿名男性Ｅ

死刑執行拒否

理由：刑事訴訟法の第475条死刑の執行②に「判決確定の日から6ヵ月以内に執行しなければならない」とある。

　刑事訴訟法とは、刑法の具体的実現を目的として、一定の秩序のもとに行われる手続を規定した法であることから、刑法11条の②の「死刑の言い渡しを受けた者は、その執行に至るまで刑事施設に拘置する」をも含有したものである。

　従って、死刑確定囚となって以来、私が再審請求したのは、8年3ヵ月経過した平成8年7月15日のことで、執行期限の6ヵ月は経過している。

　よって、日本国憲法の下、基本的人権の享有（特に第13条）を主張し、本日平成20年8月29日以降、再審請求申立、及び恩赦出願の有無にかかわらず、断固、死刑執行は拒否する。以上

平成20年8月29日

匿名男性Ｆ

　今の執行の状況は、確定より短い期間でどんどん執行されていっています。このような状況になってしまったのは、最近の法務大臣になる人が、「死刑が確定したら半年以内に執行しなければいけない、と法律にあるのだから法を遵守する立場にある者がそれに従うのは当然だ」という考えを持っているからなのだと思います。法務省もそうです。確定囚を100人以上増やさない様に今迄の方針を変えて、半年以内の執行に近づけようとしています。そして最終的には、確定より半年以内に執行できるよう前例を作ろうとしている

のだと思いますが、でもしかし、そうなってしまった場合、半年という短い期間で再審準備なんてできるのでしょうか？　弁護人を捜し、新しい証拠を見つけ、そして再審書を作成して裁判所へ提出なんてできるものでしょうか。私は絶望的だと思っています。

　ですから私はこのような執行状況が続く中では、早く半年以内の執行という法律を見直してもらい、もう少し時間を掛けて、再審準備が出来るようにしてほしいと願っております。

　　このほか1名の方から返信はありましたが、家族に危害が及ぶことを恐れて掲載拒否、もう1名の方がアンケート到着時点で確定処遇になっていない、再審にも時間がかかるので今回は解答しないという手紙が来ました。

この本が生まれるまで——死刑囚アンケート経過報告

アンケートの送付と回収

「死刑廃止国際条約の批准を求めるフォーラム90」は、10月10日の世界死刑廃止デーに合わせて、毎年東京で集会を開催してきた。2008年10月11日の集会では、「響かせあおう死刑廃止の声2008　死刑囚からあなたへ」と題して、死刑囚一人ひとりのメッセージを紹介する企画を立て、7月の時点で死刑が確定していた105人の方々にアンケート用紙を送った。

フォーラム90で死刑確定者の弁護人や家族、友人などを把握できていたケースについては、その方々を介してアンケート用紙を郵送していただいた。家族や支援者などが分からなかった死刑囚には、ご協力を得た福島みずほ参議院議員を通して発送することになった。しかし、8月中旬、弁護人や家族が送ったアンケート用紙は、東京拘置所では「交付不許可」とされたため死刑囚の手許に届かず、大阪拘置所では本人に交付されたものの回答の発信は許可されなかったことが死刑囚と面会した家族や友人の知らせで判明した。また、9月初旬には、仙台拘置所、名古屋拘置所の回答率が低いことから、東拘や大拘と同様の事態が起きているのではないかと推測された。そこで、福島みずほ参議院議員を介して再度アンケートを送ったところ、10月5日までに77人もの方々から返信が寄せられた。外部との接触を一切拒否していると伝えられていた大阪拘置所のYさんからは大拘当局の「受け取り拒否」の付箋がつけられて、郵便物が返送されてきた。

メッセージの回答欄だけでは書ききれず、用紙の裏や便箋などに細かな文字であふれるような思いをつづってきた人たちは30名を超えた。いちばん訴えたいことについては白紙のままだが、記入式の質問にはていねいに回答してきた人も少なくない。便箋を使って、中国語で長い回答を寄せた人が2名いた。最高裁判決に対して判決訂正申立て中で、自分は死刑確定者ではないとして1人は回答を留保した。

また、袴田巖さん、永田洋子さん、麻原彰晃さんについては、アンケートに回答できる状態ではないとして、弁護人や支援者から、深刻な病状が

伝えられた。

　集会の準備に追われていた9月11日、保岡興治法相は、萬谷義幸さん、山本峰照さん、平野勇さんの死刑を執行した。萬谷さん、山本さんからは、私たちのもとにすでにアンケートの回答が届いていた。

「死刑囚からあなたへ」上演

　10月11日、角筈区民センターで開かれた集会では、回答を留保した1人を除き、76人のメッセージと3人の病状報告を紹介した。このうち3名（この本ではA、B、Cで掲載）は、テレビや新聞で自分の名前が報道されればまた家族に迷惑をかけるとして、匿名を希望した。

　第3部の幕が開くと、舞台上に3人の男性（中田春介、榎本純朗、栗須慎一郎さん）が正座やあぐらをかいて座っている。1人にスポットライトが当たると、手紙を読む（写真1）。冒頭で、匿名を希望した3人のメッセージが読み上げられた。男たちが退場すると、舞台中央のスクリーンに「死刑囚からあなたへ」のタイトルが浮かび、女性（山田美佳さん）が登壇してアンケートに関する経過を伝え（写真2）、映像は、寄せられた封筒の束、分厚い手紙の山（写真3、4）等に変わっていく。

　そして、死刑が確定した順に、それぞれの死刑囚の簡単なプロフィールをまと

（写真1）

（写真2）

（写真3）

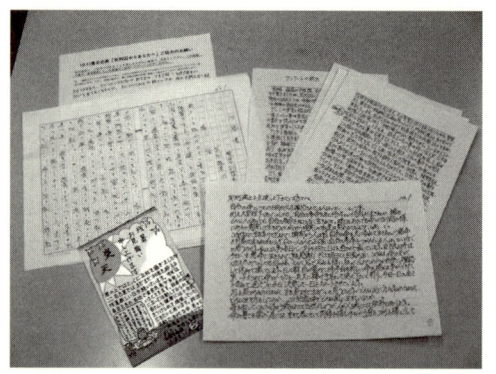

（写真4）

めた画像（写真5）が現れ、つぎに肉筆の回答（写真6）が映しだされる。それに合わせて俳優がメッセージを朗読する。メッセージ欄が空白の人については、アンケートの回答の一部を流すことにした。また、文字の画面が連続するなか、送られてきた絵や写真の映写が彩りをそえた。映像と朗読が15分ほど続いたところで、スクリーンにはカラフルなグラフが映され、アンケートの集計結果の簡単な報告がなされたあと、また一人ひとりのメッセージが読み上げられた。

食い入るように画像の文字を追う集会参加者の目がだいぶ疲れてきたころ、スクリーンの映写が消えた。車椅子に乗った男性が舞台に現れ、2006年12月に死刑が執行された藤波芳夫さんの処刑のシーンが再現された。そして、ちょうど1カ月前に生命を絶たれた萬谷さん、山本さんのメッセージが映し出された。つづいてまたメッセージの紹介に戻った。

「これで、確定死刑囚から寄せられたメッセージの紹介を終わります。彼そして彼女が、あなたに思いを届けようとして書いた文字を目に焼きつけてください。一人ひとりのさまざまな訴えを心に刻んでください。また、28人の死刑囚からは回答が届きませんでした。そのなかには、外部との接触を一切拒んでいる人がいます。コミュニケーションが成り立たない状態に追い込まれている人もいます。どうぞ、その方々にも思いをはせてください。そして、死刑制度を1日も早く廃止するために、あなたの力を貸してください」というフォーラム90のアピールで、第3部は幕を閉じた。

122　この本が生まれるまで──死刑囚アンケート経過報告

金川一（58歳）
主婦殺人事件（1979年9月）
1990年4月最高裁上告棄却
無実を主張、再審請求中
一審判決は無期懲役
福岡拘置所

（写真5、6）パワーポイントで上映された一例。金川一さんの場合。

届け！　いのちの叫び

　集会では、時間の制約から1人1分程度におさめなければならず、長文のメッセージはごく一部だけしか紹介できなかった。また、この企画は多くのマスメディアで報道されたが、それは私たちの狙いとは異なる視点からのものが多かった。そこで、集まったメッセージを1冊の本にまとめて、なるべく多くの人々に読んでもらいたいという提案がなされた。11月にアンケート回答へのお礼状を死刑確定者に出す際に、ブックレットとして出版する計画を進めているので掲載してほしくない人は連絡してほしいと伝えたところ、1名が家族へ危害が加えられる恐れがあるとして掲載を見合わせることになった。2月に、組み上がった校正刷りを死刑囚に郵送したところ、3名が本に掲載するのなら匿名にしたいと希望した（D、E、Fで掲載）。この2度にわたる獄中との書簡のやりとりでも、福島みずほ事務所のご協力を得た。

　また、名古屋拘置所の川村幸也さんは、生命が絶たれる日が迫っていることを予感したのか、2009年1月12日付でメッセージを送ってきた。そして1月29日に彼の死刑が執行された。

　この本には、76人のメッセージと3人の病状報告が掲載されている。そのうち6人は、匿名での掲載となった。

　集会の前に萬谷さん、山本さんの死刑が執行された。完全な無実を訴えて再審準備中だった久間三千年さん（2008年10月28日死刑執行）、西本正二郎さん、川村幸也さん、佐藤哲也さん、牧野正さん（2009年1月29日死刑執行）も生命を絶たれた。また、澤地和夫さん、朴日光さんは獄死を余儀なくされた。この本に掲載された彼らのいのちの叫びは、私たちへの遺書となってしまった。

（文責・国分葉子）

死刑確定者のおかれている状況——アンケートから

　集会では、2008年10月5日までに寄せられた77通の返信のうち、9月に死刑を執行された萬谷義幸さん、山本峰照さんと、回答を留保した1人を除き、74名分のアンケートを集計し、その一部を発表した。ここでは、そのデータを紹介する。

　まず、死刑囚の年齢（図1）をみると、最年少は27歳、最高齢は86歳で、70歳以上の高齢者は8人を数える。

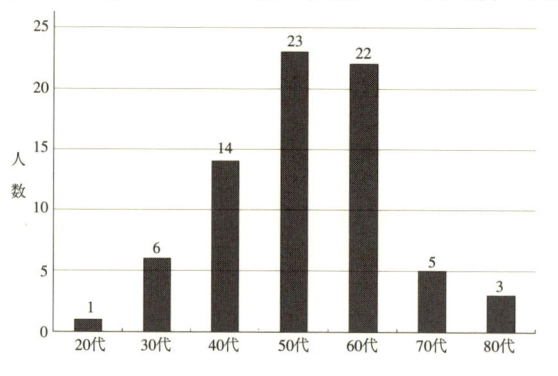

（図1）死刑囚の年齢

　次に、三審を経ないで死刑が確定したケースについてみていきたい。控訴を取り下げた人が7人、上告を取り下げた人が3人で、全体の14％を占める。2005年11月の刑事訴訟法の改正で争点や証拠をあらかじめ絞り込む公判前整理手続き制度が導入されたが、2006年以降に控訴を取り下げた人は6人に及んでいる。なお、集計からは除いたが、公判前整理手続きが適用されて死刑判決が言い渡された最初のケースが9月に執行された山本さんの事件で、山本さんも控訴を自ら取り下げて、死刑が確定していた。

　控訴を取り下げた理由としては、「マスメディアによる世論操作のための精神的苦痛から逃げたかった」「家族・身内からの強い要望と、自身の犯した罪を考えて」「検事調書不正差し替えまでして死刑判決にしようとしていたから。結果ありきで時間のムダ。裁判を続ける意味がない」「判決が変わる可能性が全くないことと、被害者遺族が望むとおり、己の命でしか償えないと思ったため」「事件を起こした時点で自分の生への執着をなくしていたから」などの回答が寄せられている。

　また、再審請求についての質問では、再審請求中の人は43人で、今後再

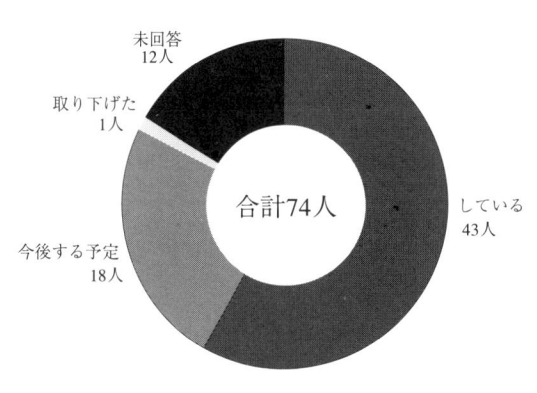

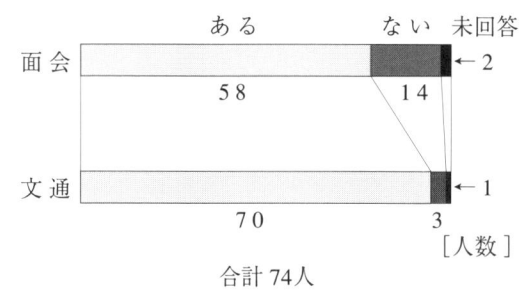

審を請求する予定と答えた人は18人だった（図2）。まったく身に覚えがないと冤罪を叫ぶ人のほか、複数の事件で有罪とされ死刑判決を受けたものの自分のやっていない事件まで押しつけられたと訴える人、判決の事実認定と罪名の適用に大きな誤りがあると主張する人もいる。再審請求を取り下げたと回答した佐藤哲也さんは1月に、無実を訴え再審請求を準備していた久間三千年さんは昨年10月に、無念にも処刑された。

（図2）再審請求
- している 43人
- 今後する予定 18人
- 取り下げた 1人
- 未回答 12人
- 合計74人

（図3）外部交通
- 面会：ある 58、ない 14、未回答 2
- 文通：ある 70、ない 3、未回答 1
- 合計 74人 ［人数］

次に外部交通とよばれている面会や文通の状況をみていこう（図3）。2007年6月の新しい処遇法の施行に伴い、それまで家族と再審請求や恩赦出願などを依頼している弁護士に限られていた外部交通の制限がほんのわずかゆるめられた。東京拘置所や福岡拘置所では、それまでの家族・弁護士に加え3名までの面会、文通が可能になったが、大阪拘置所では1名だけ許可になった人もいて、拘置所によって処遇はまちまちだ。

今回のアンケートでは、面会はないと答えた人が14人、面会も文通もまったくないと答えた人が3人もいた。ただし教誨師との面談を面会とカウントしている人や、面会・文通しているのは弁護人だけと回答した人も少なくないので、親族や友人との交流が途絶えている死刑囚はさらに多い。

請願作業をしていると回答した人は11人にのぼる。2007年6月からは、業者と死刑囚の間で直接契約を結ぶかたちをとる自己契約作業に変わったという。請願作業をしている人と、外部交通が少ない人は重なるケースが多く、面会も文通もまったくないと回答した3名は、全員請願作業をして

```
現在受けている      36
  仏教系          14
    (浄土真宗 8、日蓮宗 2、曹洞宗 1、臨済宗 1 ほか)
  キリスト教系     22
    (プロテスタント 5、カトリック 5、聖公会 4 ほか)
以前受けていた       6
受けていない        30
未回答            2
```

（図 4）　**教誨について**

いる。

ある人の回答欄には「ブロックの組立 1 個 15 銭」という書き込みがあった。7 個組み立ててようやく 1 円、100 個で 15 円の計算になる。1 日に 3000 個完成させたとしても、日収は 450 円にしかならない。差し入れがまったくない人は、こうして得たお金で日常生活に必要なものをまかなっているのだろう。一方では被害者遺族への謝罪にあてたいとして請願作業に励む人もいる。また、請願作業を行いたいが契約を結ぶと途中で中断することはできないと担当の刑務官に言われてあきらめた、健康上の理由でしたくてもできないという回答も複数あった。

教誨を受けている人は 36 人だった（図 4）。教誨を受けるため順番を待っている状態、今は希望する宗派の教誨がないので受けていないという回答もみられ、教誨を受けることさえ望みどおりにはいかないことがわかる。

健康状態についてみていくと、なんらかの治療を受けたり定期的に薬をのんでいる人は全体の 7 割近い 51 人に達した（図 5）。病名・症状を回答欄に明記しなかった人も多かったが、高血圧 10 人、糖尿病 5 人、腰痛 5 人、痔 3 人とつづく（図 6）。強い精神的ストレスに加え、一日中あぐらをかくか正座していなければならない生活がこうした症状を引き起こし、徐々に悪化していくのだろう。そして、東京拘置所では 3 人が脳出血・脳梗

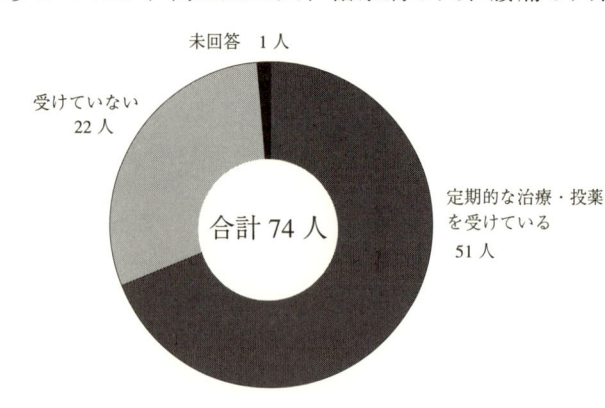

未回答　1 人
受けていない　22 人
定期的な治療・投薬を受けている　51 人
合計 74 人

（図 5）　**健康状態**

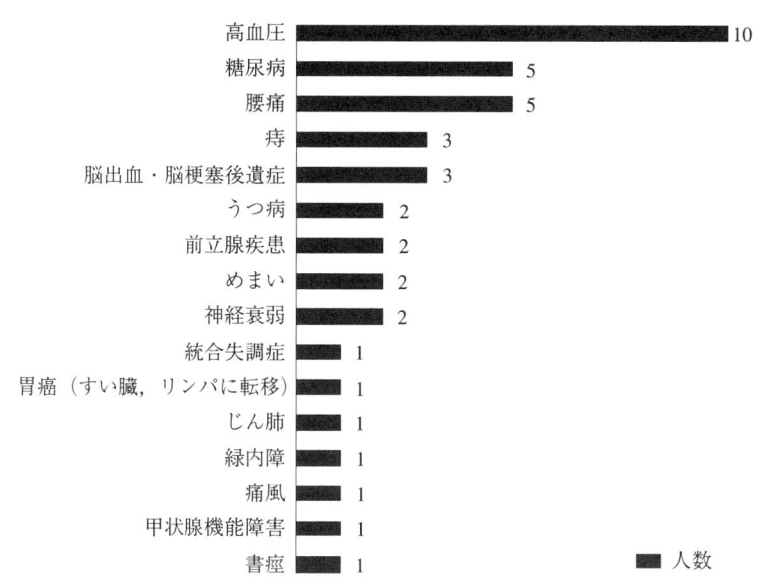

疾患	人数
高血圧	10
糖尿病	5
腰痛	5
痔	3
脳出血・脳梗塞後遺症	3
うつ病	2
前立腺疾患	2
めまい	2
神経衰弱	2
統合失調症	1
胃癌（すい臓，リンパに転移）	1
じん肺	1
緑内障	1
痛風	1
甲状腺機能障害	1
書痙	1

（図6）健康状態

獄中生活で楽しいこと、うれしいこと	
まったくない	8人
未回答	1人
（以下は複数回答）	
面会	25人
文通	22
テレビ、DVD（ビデオ）を見ること	20
教誨	4
読書	4
ラジオ	3
新聞	2
差し入れ	2
間食	2
その他	各1（計18）

（数学ⅡA・Bを解く、研究開発の進捗、短歌を作る、執筆活動、絵を描く、パンフの閲読、入浴、おせち料理、いなかの出来事、子どもの写真を見ること、夢の中で娘に会うこと、元気で運動のできること、処遇訴訟の勝訴、職員との雑談、職員の世間話がきけること、職員が健康であること、自分が理解してもらえたとき、自分を省みること）

（図7）獄中生活で楽しいこと、うれしいこと

獄中生活で苦しいこと、つらいこと	
ない	5人
（うち自分が苦しむのは当然だから　2）	
未回答	1人
（以下は複数回答）	
外部交通の制限	7人
家族と会えないこと	4人
経済的逼迫（お金がない）	3人
夏の酷暑	3（全員大阪）
拘置所内でのいじめと差別処遇	3
対話がないこと	3
食事が悪い	3
いつ処刑されるか分からないこと	2
自由がないこと	2
死刑執行の情報に接したとき	2
被害者のことを思うとき	2
目がみえないこと	2
孤独	2
診察が受けられないこと	2
その他	各1　（計38）

（父母の臨終に立ち会えなかったこと、自然と接することができない、人権が認められない、汚名を着せられて年老いていくこと、罪をでっち上げられ人権を収奪されていること、身柄を拘束されていること、再審棄却、座っていること、痔の手術をしてもらえないこと、うつ病の悪化、全身の神経障害症、右半身不随で字が書けないこと、親族の健康不安、子どもの将来、仲間・家族の高齢化、未来のある収容者と同じ所にいること、面会時間の短縮、手紙が届くのが遅くなったこと、カメラ監視、いつも空腹、家族関係の悪化、周りの人たちに迷惑をかけていること、自分の作品を読んでもらえないこと、ストレスがたまり発散する場所がない、家族のことを思うとき、被害者遺族に償いができないこと、被害者遺族との対話の制限、償いに制限があり結果が残せないこと、不合理な制限・不許可措置、職員に音を出される、安眠妨害、国民が真実を知らされていないこと、嘘の書面を読むとき、公権力をいじめやいやがらせに悪用されること、光線をあてられ痛くて苦しい、通謀伝播器による侵害、簡単には書けない、書きたいが報復されるので書けない）

（図8）獄中生活で苦しいこと、つらいこと

塞で倒れ、現在も後遺症に苦しんでいる。また、鎮痛薬、精神安定剤、睡眠薬、胃腸薬などを複数服用している人も多い。手術が必要となる病気や心臓の発作などに見舞われた場合、適切な治療が受けられるのか不安を訴える人も少なくない。胃がんを患っていた澤地和夫さん、「甲状腺機能障害ほか多数」の病気にかかっていると回答した朴日光さんは、獄死を余儀

なくされた。

　「獄中生活で一番楽しいこと、うれしいことはなんですか」という質問の回答が図7である。面会25人、文通22人、テレビ・DVD（拘置所によってはビデオのところもある）の視聴20人とつづく。テレビ・DVDの視聴が楽しみと回答した人たちのほとんどは、やはり外部交通が少ない。さまざまな回答からは、所持品も厳しく制限された狭い独房の中で、創意工夫をこらして日常生活を送る姿が浮かび上がる。

　また「獄中生活で一番苦しいこと、つらいことはなんですか」という質問には、じつに多様な回答が寄せられた（図8）。さまざまな苦しみと悩みから、ひとりひとりの個性が見えてくる。　　　　　　　　　（文責・国分葉子）

激増する死刑執行について

　死刑判決が増え、死刑執行も隔月で行われる時代になってしまった。よく言われることだが、戦争と死刑のみは、国家が個人の生殺与奪の権利を持つ。国がためらうことなく個人の命を奪うという大変な時代に、いま私たちは来てしまったのである。

　振り返ってみると、1980年代は死刑確定者数は20人台で推移していた。それが91年に50人を超え、2004年68人、05年78人、06年94人、07年107人（すべて年末現在）へと飛躍的に増えている。90年から92年の執行停止期間後、後藤田正晴法相による執行再開の年である93年は7人が処刑されたが、それ以降年間執行数は1人か2人、多い年でも6人であった（表1）。

　執行は国会閉会期に人目を逃れるようになされ、執行の事実すら公式に発表されることはなかった。死刑囚のプライバシーを守るという口実だが、あらゆる死刑の情報は秘匿されていたのである。しかし死刑制度が存続することの意志表示として執行は毎年繰り返された。

　98年になって中村正三郎法相が執行の事実のみの公表を始めた。これ以降どこの拘置所で何人執行したということだけを記者クラブへファクスで

（表1）最近の死刑判決と執行数（確定者総数は各年12月末現在。『年報・死刑廃止』から作成）

年	79	80	81	82	83	84	85	86	87	88	89	90	91	92	93
地裁判決数	7	9	2	11	5	6	9	5	6	10	2	2	3	1	4
高裁判決数	1	2	1	8	4	5	5	7	8	4	5	2	4	4	1
最高裁判決数	4	4	3	0	0	3	1	0	6	7	5	7	4	4	5
新確定数	4	7	3	1	1	3	2	0	8	11	5	6	5	5	7
執行数	1	1	1	1	1	1	3	2	2	2	1	0	0	0	7
確定者総数	20	26	28	28	27	27	26	24	29	38	40	46	51	56	56

年	94	95	96	97	98	99	00	01	02	03	04	05	06	07	08
地裁判決数	8	11	1	3	7	8	14	10	18	13	14	13	13	14	5
高裁判決数	4	4	3	2	7	4	6	16	4	17	15	15	16	14	14
最高裁判決数	2	3	4	4	5	4	3	4	2	0	13	10	16	18	8
新確定数	3	3	3	4	7	4	6	5	3	2	15	11	20	23	10
執行数	2	6	6	4	6	5	3	2	2	1	2	1	4	9	15
確定者総数	57	54	51	51	52	50	53	56	57	56	68	78	94	107	100

知らせるようになった。まだ死刑執行について疚しい思いがあったのか、あるいは死刑執行を命じたことへの批判を恐れる気持ちを持っていたのである。まだまだ執行に謙抑的な時代であったといえるだろう。

　それが大きく変わったのが、2006年12月25日の長勢甚遠法相による4人の死刑執行からだ。前任の杉浦正健法相が執行をしなかったため、11年ぶりに死刑執行ゼロの年になるかと期待された2006年が終わろうとするクリスマスに、車椅子の老人を含む4人の死刑を執行したのだった。年末の駆け込みの執行は、執行ゼロの年を作らぬための執行に他ならない。100人に近づく死刑確定者の数を減らすという意図もあったのだろう。制度の維持と、人の命を員数あわせのために奪うような非人間的な執行であったが、国民から支持されたと法相は受け止めた。就任中に10人を執行すると記者に漏らし、翌2007年4月27日、国会会期中に3人、8月23日に3人、合わせて10か月に10名の執行を敢行している。これはかつてなかった短期間での連続的な執行である（表2）。メディアがセンセーショナルな事件報道をすることによる体感治安の悪化、経済の破綻と格差の拡大、失業率の増加など、市民のやり場のない怒りのはけ口の一つが死刑執行の支持という歪んだ形を取ってしまったことも事実だろう。

　続いて法相となった鳩山邦夫は、9月25日の記者会見で、死刑執行は「法相が絡まなくても進むような方法を考えてはどうか」、「判決確定後6ヵ月以内に法相が執行を命令しなくてはならないという法律は守られるべきだ」、「ベルトコンベアーといっ

（表2）死刑「再開」後の死刑執行人数

法相	在任期間	執行人数
後藤田正晴	7ヵ月	3
三ケ月章	8ヵ月	4
水野茂門	0ヵ月	0
中井洽	1ヵ月	0
前田勲男	13ヵ月	5
田沢智治	2ヵ月	0
宮沢浩	3ヵ月	3
長尾立子	9ヵ月	3
松浦功	10ヵ月	7
下稲葉耕吉	10ヵ月	3
中村正三郎	7ヵ月	3
陣内孝雄	6ヵ月	3
臼井日出男	8ヵ月	2
保岡興治	5ヵ月	3
高村正彦	4ヵ月	0
森山真弓	28ヵ月	5
野沢太三	12ヵ月	2
南野知恵子	13ヵ月	1
杉浦正健	10ヵ月	0
長勢甚遠	10ヵ月	10
鳩山邦夫	11ヵ月	13
保岡興治	2ヵ月	3
森英介	6ヵ月	6

（敬称略、在任1ヵ月未満は切り捨て。森英介は2009年3月10日現在まで。『年報・死刑廃止2007』所収の市川美亜子「大量執行時代の幕開け」掲載の表を補充し、作成した。

てはいけないけれど、……自動的に客観的に進む方法を考えてはどうか」と発言、メディアからさえ批判を浴びたのだった。しかし彼は12月7日に3人の死刑を執行、当日、記者会見を開き、被執行者の名前、「罪状」を発表する。この「罪状」というのは判決を要約した事件内容にすぎず、死刑囚自身が裁判の過程や再審、恩赦などで主張したこと、あるいは現在の心境などはいっさい盛り込まれてはいない。彼は極悪人だから執行したのだ、という執行した側の主張だ。鳩山法相は続いて翌2008年2月に3人、4月4人、6月3人と隔月の死刑執行を繰り返し、13人の命を絶った。

このベルトコンベアー的な執行はその後の保岡興治法相、9月11日3人、森英介法相、10月28日2人、2009年1月29日4人の執行へと引き継がれ、まさに自動的に死刑執行を繰り返していく（表3）。

これまで法務大臣は、真偽のほどは分からないが、それぞれの事件を精査し、執行命令書に判をついていたと言ってきた。しかし06年以降の加速化された死刑執行のなかで、法相がそれぞれの事件を精査する時間をとっているとはとうてい思えない。ただ機械的に執行を命じているのは明らかだ。それは、被執行者の選定が非常に乱暴になっている点からも見てとれる。これまで避けてきた無実の可能性の高い人や高齢者、そして事件や確定から時間の経たぬ人まで、再審や恩赦請求をしていなければ片っ端から執行していくのである。

（表3）連続的な死刑執行
▼長勢甚遠法相
2006年12月25日　4人死刑執行（日高広明、秋山芳光、藤波芳夫、福岡道雄さん）
2007年4月27日　3人執行（名田幸作、小田義勝、田中政弘さん）
2007年8月23日　3人執行（竹澤一二三、瀬川光三、岩本義雄さん）
▼鳩山邦夫法相
2007年12月7日　3人執行（池本登、府川博樹、藤間静波さん）
2008年2月1日　3人執行（松原正彦、名古圭志、持田孝さん）
2008年4月10日　4人執行（中元勝義、中村正春、坂本正人、秋永（旧姓岡下）香さん）
2008年6月17日　3人執行（山崎義雄、陸田真志、宮崎勤さん）
▼保岡興治法相
2008年9月11日　3人執行（萬谷義幸、山本峰照、平野勇さん）
▼森英介法相
2008年10月28日　2人執行（久間三千年、高塩正裕さん）
2009年1月29日　4人執行（牧野正、川村幸也、佐藤哲也、西本正二郎さん）

その最悪のものは、無実の可能性の高い人の死刑執行だ。フォーラム90のアンケートにも書いてこられたように、久間三千年さんは一貫して無実を主張していた。そして弁護団が再審請求を申し立てる直前に執行されてしまったのである。07年9月23日に就任したばかりの森英介法相は、10月28日に彼の執行を敢行しているのだから、事件について自分では精査しないままに、そしておそらく久間さんが無実を主張していたことすら知らないままに、無実の可能性の高い久間さんの命を断ってしまったのである。これは法務大臣として許されざる怠慢というほかない。

　また、高齢者の執行も躊躇なく実行されている。秋山芳光さん77歳、藤波芳夫さん75歳、池本登さん75歳であり、とりわけ藤波さんは歩くことができず車椅子で刑場に連行され、刑務官に体を抱えられ投げるようにして執行されたと伝えられている。

　一審で無期懲役判決、控訴審で死刑へと逆転した方への執行も平気でなされている。池本登さん、持田孝さん、坂本正人さん、秋永（岡下）香さん、山崎義雄さん、高塩正裕さんは1審無期懲役判決だった。持田さんのケースは僅か10ヵ月間の控訴審で逆転死刑となっている。かつて永山事件の船田判決で、死刑判決はどこの裁判所でも死刑判決を出す場合のみに限るべきだと言っている。裁判所が違えば、死刑と無期に判決が分かれるというのでは裁判の公正さが疑われるからだ。また無期判決が出た場合、検察が死刑判決が出るまで上訴し続けるのことはやめるべきだ。

　再審弁護人になろうと接見を申し込んだが、拘置所に拒まれ接見できないまま執行された人もいる。広島拘置所に在監していた日高広明さんだが、これは死刑に直面する人の権利を保障する弁護人が付かないままの執行であり大きな問題がある。

　そして近年特に多いのが、自分が起こした事件の大きさに打ちのめされ、生きることを放棄し、死を選び取ってしまう、すなわち上訴しなかったり控訴や上告を自ら取り下げて確定させるケースだ。メディアによる批判や、家族へのバッシングも、それに拍車をかける。控訴をしなかった岩本義雄さん、控訴を取り下げた小田義勝さん、名古圭志さん、山本峰照さん、西本正二郎さん、上告をしなかった竹澤一二三さん、坂本正人さん、上告を取り下げた府川博樹さんらだ。かつてはせいぜい年に1件か2件だった取り下げが、06年3件、07年には5件ある。死刑とは死に直面する刑罰だか

らこそ、三審で審理し尽くすことが求められている。国連の経済社会理事会で採択された「死刑に直面する者に対する権利保障」というガイドラインでも「死刑の判決を受けた者は、上級の裁判権を有する裁判所へ上訴する権利を有し、また、そのような上訴が義務的となることを確保するための措置を取られねばならない」としている。日本では、上訴を義務化するどころか本人が取り下げれば即確定させ、執行してしまう。野蛮としか言いようがない。

　このほか統合失調症の投薬治療を受けていた宮﨑勤さん、責任能力の有無が疑問である藤間静波さん、そして再審や恩赦申立の準備中だった方々など、それぞれの死刑囚には執行してはいけない問題がある。

　もう一つ憂うべき問題は、死刑確定から執行されるまでの期間がどんどん短くなっていることだ。09年1月に執行された西本正二郎さんは確定から2年1ヶ月の執行だ。これでは事件を真摯にとらえ返す時間も、自分が人間として再生していく時間も十分ではない。被害者遺族にとってもこのような執行が癒しになるとは思えない。機械的な執行を続けるだけでは、法務大臣の職務を果たしているとは言えないのだ。

　それぞれの死刑確定者には執行をためらうべき問題があり、再審や恩赦を申し立てることで死刑を回避すべき点があるにもかかわらず、死刑囚恩赦は75年6月以降34年、再審は87年3月以降22年、制度があるにもかかわらず適用されていない。そして2009年5月から裁判員制度が開始される。08年12月に始まった被害者参加制度と相まって、市民が参加して死刑判決を出す時代が来ようとしている。

　私たち死刑廃止国際条約の批准を求めるフォーラム90は、こうした理不尽な死刑制度の撤廃を求めて活動を続けている。90年12月の死刑廃止フォーラム集会開催をきっかけに、死刑廃止へ向けて運動を展開してきた。全国の死刑廃止団体や思いを共有する人たちと連携し、集会やビラまき、法務大臣地元集会や情宣、法務省前ニュースの発行と配布、執行があれば記者会見や抗議集会、メディアに対して情報提供をし、議員連盟の組織化や、海外での運動団体との連携など考えられるあらゆる活動をやってきたつもりだ。それらはほぼ隔月で刊行されているニュース『FORUM90』に詳しく報告している。ぜひ賛同人となっていただければと思う。そして、共に死刑廃止を実現させよう。

　　　　　　　　　　　　　　　　　　　　　　（文責・深田卓）

"地球が決めた死刑廃止"
「死刑廃止国際条約の批准を求めるフォーラム90」
賛同人になってください

　1989年12月15日第44回国連総会で、国際人権B規約第2選択議定書いわゆる「死刑廃止国際条約」が採択され、1991年7月11日に発効しました。そこでは、死刑が人間の尊厳を否定するものであって直ちに廃止されなければならないこと、そして死刑の廃止が人の生命を擁護するうえで大きな前進であることを確認し、条約の批准国に対して死刑廃止のためにあらゆる措置を講ずることを義務づけています。さらに国連加盟各国に対しては速やかに死刑を廃止することを求めています。しかし、日本政府は、この条約に反対し、条約が採択される直前である89年11月10日に一人の死刑囚を処刑しました。

　そこで私たちは、日本で一日も早く死刑が廃止されることを願い、死刑廃止に向けてさまざまな運動を展開することを目的として、世代や政治的立場、思想信条、性別を超えて、死刑廃止だけで緩やかにつながる結合体として、広く国会議員、弁護士、学者、宗教者などを含む市民が集まって「死刑廃止フォーラム90」を結成しました。現在全国約4000人の仲間とともに活動しています。

　全国規模の集会「死刑廃止フォーラム」として、90年12月 団藤重光氏の講演他、92年3月フランスの元法務大臣バダンテール氏の講演他、93年7月アジア・フォーラムを日比谷公会堂において行なってきました。95年12月に4回目のフォーラム、97年2月に死刑存廃論の合意点を目指したシンポジウム、2003年11月には「死刑執行に終止符を！　死刑廃止を願う市民集会」を開催しました。また、大阪、福岡、名古屋、広島、仙台、松山、長野、徳島などの全国各地で同様の集会や街頭パレード、死刑執行に対する抗議行動といった死刑廃止の世論の顕在化と死刑廃止に向けた環境づくりを行なってきました。そして、2001年6月には、元冤罪死刑囚の免田栄さん、犯罪被害者家族の原田正治さんをはじめとした訪欧団がヨーロッパ各地で日本の死刑制度の実態を訴えたのち、第1回世界死刑廃止会議に出席し、欧州評議会議員会議でスピーチを行ないました。同年11月には韓国

ソウルで開催された第2回アジア・フォーラムに参加し、アジア各地の方々と交流を深め、国際的な連帯の絆を確かなものにしました。第3回アジア・フォーラムも、台湾で開催される予定です。

この間、国連人権規約委員会は93年と98年に日本政府に対して死刑廃止への措置をとるよう勧告し、国連人権委員会は97年以降「死刑廃止を求める決議」を採択しつづけています。

また、欧州評議会議員会議は、2001年6月に、欧州評議会が死刑廃止を明確にうちだす前にオブザーバー参加を認めた死刑存置国の日本とアメリカ合衆国に対して2003年1月までに進展がみられない場合はオブザーバー資格を見直すと勧告しました。2003年10月には、日本政府に速やかな死刑執行停止の実施や確定死刑囚の処遇の改善などを求めるとともに、死刑廃止に向けた日本の政治家およびNGOによる運動を支援するという決議を採択しています。

アジアでも大きな動きがみられます。戦乱から和平に向けてカンボジア、東チモールは、死刑制度を廃止しました。韓国では、盧武鉉前大統領政権下にあった2007年12月30日に前回の執行からちょうど10年執行停止状態となり、事実上の死刑廃止国の仲間入りをしました。現在の李明博大統領政権下に於いても、執行は再開していません。また、台湾では陳水扁前総統の「人権立国」を掲げた死刑廃止路線を、馬英九総統も受け継ぎ、死刑の執行は行われていません。

日本国内でも、死刑廃止を求める声は着実に高まっています。94年に超党派の議員で結成された「死刑廃止を推進する議員連盟」は、2002年5月に「司法人権セミナー・死刑廃止」を欧州評議会議員会議と共催しました。そして、死刑廃止実現の足がかりとするための「重無期刑の創設及び死刑制度調査会の設置等に関する法律案」を作成し、議員立法として国会に上程しようとしています。また日本弁護士連合会は、死刑の執行の際に執行停止を求める会長声明を出し、死刑執行停止法の制定を提唱してきましたが、2004年10月には人権擁護大会において「21世紀日本に死刑は必要か」というシンポジウムを開催しました。いずれも具体的な一歩を踏み出したものといえるでしょう。

しかし、日本政府は、死刑制度を堅持しようとしています。1993年3月26日大阪と仙台で3人の死刑が執行され、1989年11月10日以降行刑史上初

の３年４カ月にわたり執行が行なわれなかった状態にピリオドが打たれました。その後、2008年９月11日までに73名もの死刑執行が行なわれました。死刑確定者も、本日現在で１０３名となり、大量処刑がいつあっても不思議ではない状況になりました。

　私たちはいままで以上に死刑廃止の声を大きくし、死刑廃止に向けて多様な運動を展開していきたいと考えています。

　つきましては、私たちの運動をご理解いただき、賛同人として死刑廃止の実現に向けてともに活動していただきますよう、お願い申し上げる次第です。

　私たちのこうした活動は、すべてカンパでまかなってきました。発足当初は廃止をもじって814円以上のカンパをお願いしましたが、より多くの賛同カンパを寄せていただければ幸いと存じます。賛同人のみなさまには、年に４、５回、「FORUM90ニュース」をお送りして、最新の情報をお届けいたします。

　2008年９月18日

【呼びかけ団体】
アムネスティ・インターナショナル日本、死刑執行停止連絡会議、全国犯罪非行協議会、死刑を考える弁護士の会
【呼びかけ人】
団藤重光（元最高裁判事）、土屋公献（元日弁連会長）、免田栄（元冤罪死刑囚）、イーデス・ハンソン（アムネスティ元日本支部長）、奥平康弘（憲法学者）、加賀乙彦（作家）、瀬戸内寂聴（作家）
（呼びかけ団体、呼びかけ人は発足当時のもの、呼びかけ文は一部改定しました）

死刑廃止国際条約の批准を求めるフォーラム90実行委員会
　連絡先　　港合同法律事務所気付
　tel:03-3585-2331, fax:03-3585-2330
郵便振替口座　00180-1-80456
　ホームページ　http://www.jca.apc.org/stop-shikei/index.html

死刑廃止のための大道寺幸子基金について

　死刑囚自身の息吹を外に伝えるものとして「大道寺幸子基金死刑囚の表現展」が毎年行われている。10月10日の死刑廃止デー周辺の日に、フォーラム90の集会の一部で作品の講評を含めたシンポジウムが行われ、絵画作品が展示される。また、広島のアビエルト、京都の東本願寺接待所ギャラリーなどで展示され、多くの人に死刑囚を身近に感じていただくことができた。また文芸作品では、2005年の第1回表現展で優秀賞を受賞した河村啓三『こんな僕でも生きてていいの』は06年にインパクト出版会から、澤地和夫『死刑囚物語——獄中座禅20年』は彩流社から、第3回表現展で奨励賞を受賞した『生きる——大阪拘置所・死刑囚房から』はインパクト出版会から刊行された。

第4回表現展で優秀賞を受賞した松田康敏さんの作品。

　基金では以下のような概要で死刑囚へ応募を呼びかけている。毎年7月末が〆切で、この基金の活動は2014年まで行われる予定だ。

死刑廃止のための大道寺幸子基金から
死刑判決を受けたみなさんへ

死刑廃止のための大道寺幸子基金運営会

　2004年5月12日に死刑廃止を訴え続けた大道寺幸子さんが亡くなり、その遺産を元に「死刑廃止のための大道寺幸子基金」が発足しました。基金は2005年から10年間、確定死刑囚の再審請求への補助金、死刑囚の表現展の開

催と優秀作品の表彰のために使われます。

そして第１回８名、第２回６名、第３回５、第４回６名の方に再審支援金をお渡ししました（一部代理人決定まで保留になっている方があります）。

第４回表現展で努力賞を受賞した謝依俤さんの墨絵
Ｂ４判の半紙10枚を張り合わせた作品。

また死刑囚の表現展には第１回は文芸作品９人、絵画・イラストが９人の方から、第２回は文芸作品７人、絵画・イラストが８人の方から、第３回は文芸作品６人、絵画・イラストが10人の方から、第４回は文芸作品８人、絵画・イラストが９人の方から応募があり、それぞれ優秀作品を顕彰し、絵画作品は集会会場にて展示しました。

私たちは、今後６年間にわたって毎年６名の確定死刑囚の方への再審支援金をお渡しします。また今年に続いてあと６回、死刑囚の表現展を実施し、死刑廃止国際デーの10月10日前後に、寄せられた小説、自伝、エッセイ、評論、詩歌、脚本、絵画、まんが、その他、あらゆる分野の未発表でオリジナルな表現作品を展示し、優秀作品の顕彰と選考委員による選考経過の発表、シンポジウムなどを行う予定です。

来年度以降もぜひ補助金の要請、作品の応募をしていただけますようにお願い申し上げます。

１、再審請求への補助金
募集要項
（１）補助金は、下記住所まで、本人または関係者の方がお申し込み下さい。
（２）申し込みは毎年７月末とします。
（３）なお補助金は弁護人もしくは弁護人になろうとする人（恩赦代理人を

含む）にお渡しします。
（４）補助金は、確定死刑囚１人に対して、１回限りとさせていただきます。
（５）優先順位は、緊急性・必要性を考慮し当方で考えさせていただきます。
（６）今回選定されなかった人も、次回に再応募できます。
（７）告知は速やかに申請者に行います。

２、死刑囚（未決を含む）表現展と優秀作品の表彰
募集要項
（１）死刑囚（確定囚、未決囚を問わない）による作品を公募します。
（２）公募する作品は、小説、自伝、エッセイ、評論、詩歌脚本、絵画、まんが、その他、あらゆる分野の未発表でオリジナルな表現作品です。
　　　長篇（400字詰500枚以上の作品）は、１回１作品だけの応募に限ります
（３）締めきりは毎年７月末、基金が依頼した選考委員によって優秀作品を選定し、優秀作品に賞金５万円を贈呈します。
（４）応募作品は10月10日の国際死刑廃止デー前後に展示を予定しています。作品の著作権は制作者が、所有権は基金が持ち、これらの作品を死刑廃止運動に役立てるために使います。
（５）選考委員：池田浩士・太田昌国・加賀乙彦・川村湊・北川フラム・坂上香
　なお第５回締め切りは2009年７月末日です。これまでの応募者、受賞者の応募も歓迎します。
送り先　東京都港区赤坂2-14-13港合同法律事務所　大道寺幸子基金運営会
　封筒表に「表現展応募作品」もしくは「再審請求補助金」と明記してください。

第４回表現展で優秀賞を受賞した金川一さんの作品。金川さんは毎年力作を応募してくれる。

死刑廃止国際条約の批准を求めるフォーラム90
　1990年春、前年国連で死刑廃止国際条約が採択されたのを機に、条約批准を求める運動を通して全国の死刑廃止論者を顕在化させるフォーラム運動を呼びかけ結成。賛同者は全国で5000人、年6回、ニュースを刊行している。
連絡先・107-0052　東京都港区赤坂2-14-13 港合同法律事務所気付

命の灯を消さないで
死刑囚からあなたへ

2009年4月10日発行

編集　死刑廃止国際条約の批准を求めるフォーラム90
　　　　編集委員＝可知亮、国分葉子、中井厚、深田卓　協力＝福島みずほ事務所
発行・インパクト出版会
　　　113-0033　東京都文京区本郷2-5-11　服部ビル
　　　TEL03-3818-7576　FAX03-3818-8676
　　　E-mail:impact@jca.apc.org
　　　http://www.jca.apc.org/~impact/
　　　郵便振替00110-9-83148
印刷　シナノ・パブリッシング・プレス

本書からの無断転載はお断りします。

インパクト出版会

「オウムに死刑を」にどう応えるか 年報・死刑廃止96
年報・死刑廃止編集委員会編　2000円＋税　ISBN 4-7554-0055-4

1990年から95年の重要論文・資料を網羅した死刑廃止を願う人の必携誌。「オウムに死刑を」といったスローガンが公然と語られる時代風潮とその恐ろしさ、その中で繰り返される「凶悪」ということ、そして彼らを死刑にしないと被害者は癒されないという常套句に隠され切り捨てられる問題点や、現実の死刑判決の基準について様々な角度から考える。

死刑──存置と廃止の出会い 年報・死刑廃止97
年報・死刑廃止編集委員会編　2000円＋税　ISBN 4-7554-0066-x

私たちの社会に死刑があるが故に、その「死刑」にすべてを解決させているつもりになっている。そのため、加害者にも被害者にも出会うことが妨げられているのではないか。想像の被害者でも、想像の加害者でもなく、傷と悩みと困難を抱えているそれぞれが具体的に出会って議論した連続シンポジウムの全記録を収録。

犯罪被害者と死刑制度 年報・死刑廃止98
年報・死刑廃止編集委員会編　2000円＋税　ISBN 4-7554-0079-1

ある日突然、最愛の家族が殺される。やり場のない怒りで遺族は何年もの間苦しみ続ける。犯人を死刑にしろ、という声が閉ざされてくる。しかし、犯罪被害者遺族にとって死刑制度は本当に癒しになっているのだろうか。オウム事件や誘拐犯罪事件の遺族の語る死刑制度とは。被害者遺族のケアをなおざりにしたまま連綿と続く死刑を今考える。

死刑と情報公開 年報・死刑廃止99
年報・死刑廃止編集委員会編　2000円＋税　ISBN 4-7554-0095-3

死刑囚本人にも、その家族、担当弁護士、そして被害者遺族にさえも、完全な秘密裡のうちになされる死刑執行。なぜ死刑執行の事実をこの国は隠し続けるのか。そのあらゆる情報の公開を求めるという観点から、死刑制度の問題点を追及し、死刑廃止運動のさらなる可能性を提起する。道浦母都子、坂上香、保坂展人、石塚伸一、北村泰三ほか。

終身刑を考える 年報・死刑廃止2000-2001
年報・死刑廃止編集委員会編　2000円＋税　ISBN 4-7554-0104-6

仮釈放のない終身刑を導入することで死刑を廃止しようという考え方がある。しかしそれは刑罰の多様化と重罰化にしかつながらないという考え方もある。その両者が死刑廃止へむけて正面から徹底的に討論する。第二特集は、小渕145国会で様々な悪法が成立し、社会が大きな転換点にたついま、死刑制度はどうなろうとしているのかを考える。

世界のなかの日本の死刑 年報・死刑廃止2002
年報・死刑廃止編集委員会編　2000円＋税　ISBN 4-7554-0123-2

2001年は世界の死刑廃止運動が大きく動いた年だ。欧州評議会で死刑廃止が論議され、第1回死刑廃止世界大会がフランスのストラスブールで開催される。韓国では死刑廃止法案が上程され、第2回アジア・フォーラムもソウルで開催された。これら歴史的な集会の詳細な報告と共に9.11以降の世界の人権状況をも検証する。

死刑廃止法案 年報・死刑廃止2003
年報・死刑廃止編集委員会編　2200円＋税　4-7554-0131-3

日本でも「死刑制度調査会設置法案」が上程されようとしている。同時に導入される特別無期刑など、この法案の論点・問題点を分かりやすく整理。50年前の国会で、羽仁五郎、正木亮らによって議論された死刑廃止をめぐる貴重な論議も収録。各国の死刑廃止に向けた具体的な取組み例も報告する。ライアン・イリノイ州知事の演説掲載。

インパクト出版会

無実の死刑囚たち 年報・死刑廃止2004
年報・死刑廃止編集委員会編　2200円＋税　ISBN 4-7554-0144-5
2004年8月、東京高裁は袴田事件再審請求の即時抗告を棄却した。38年間、無実を主張しながら獄中にあり、絶望の中で精神を蝕まれた袴田巖を、裁判所はまたもや見捨てたのである。誤判によって死を強要されている8件と、執行された2件の冤罪事件を検証する。特集2は司法改革と死刑制度。四宮啓、上田國廣、八尋光秀、デヴィッド・ジョンソンほか。

オウム事件10年 年報・死刑廃止2005
年報・死刑廃止編集委員会編　2500円＋税　ISBN 4-7554-0157-7
オウム事件以降加速化された管理社会化と重罰化。死刑判決は乱発され05年7月現在確定囚は74人に達した。この国の向かう果てを、オウム事件以降10年の死刑状況から考える。特集2・名張事件再審開始決定。死刑囚再審として5件目、島田事件の開始決定から19年目の名張再審の意義を考える。Ａ４判800枚に及ぶ再審開始決定書全文を一挙掲載。河野義行、野田正彰、安田好弘、鎌田慧、中山千夏、小林修

光市裁判　なぜテレビは死刑を求めるのか 年報・死刑廃止2006
年報・死刑廃止編集委員会編　2200円＋税　ISBN 4-7554-0169-0
光市事件は本当にマスコミや裁判所のいうような残虐な事件なのか。一、二審の無期懲役判決を覆し、最高裁の求めるように死刑判決を出すべき事件なのか。そこには死刑適用基準を低くし、死刑判決の乱発で国家を引き締めようとする政治的意図が動いていないか。特集2は死刑囚にとって表現とはなにか。大道寺幸子基金死刑囚の表現展選考委員によるシンポジウムを掲載。

あなたも死刑判決を書かされる 21世紀の徴兵制・裁判員制度 年報・死刑廃止2007
年報・死刑廃止編集委員会編　2300円＋税　ISBN 978-4-7554-0180-0
裁判員制度導入と被害者遺族の法廷参加によって裁判所はリンチの場となる！それは刑事裁判の死だ。その予行演習が広島高裁で行われている光市裁判だ。本書は裁判員制度の問題点を分析するとともに、光市裁判の弁護団の意見陳述を全文掲載。

犯罪報道と裁判員制度 年報・死刑廃止2008
年報・死刑廃止編集委員会編　2300円＋税　ISBN 978-4-7554-0192-3
光市裁判テレビ報道は、歪曲と作為と虚偽を駆使した、不公平かつ悪質なものであった。法廷で立証されつつある事実を無視し、被告・弁護団批判のくり返しは判決にも影響を与えている。放送倫理・番組向上機構ＢＰＯへの申立に対して、ＢＰＯは放送界に猛省を促す意見書を提出。この問題を徹底的に考える。

足音が近づく　死刑囚・小島繁夫の秘密通信
市川悦子 著　2000円＋税　ISBN 4-7554-0068-6
福岡の土手町拘置支所在監の確定死刑囚から妻へ、検閲をのがれて出し続けられた秘密通信。「生きている死者」として扱われる確定死刑囚の獄中生活、そして愛と性を赤裸々に描き、センセーションをまきおこしながら永らく絶版になっていた名著の待望の復刊。解説・原裕司。

免田栄 獄中ノート　私の見送った死刑囚たち
免田栄 著　1900円＋税　ISBN 4-7554-0143-7
獄中34年6ヶ月、無実の死刑囚・免田栄は処刑台に引かれていく100人近い死刑囚たちを見送った。冤罪を訴えながら処刑された人も少なくなかったという。雪冤に向けて獄中で書きつづったノートを引きながら、死刑の実態を、そして日本の司法制度を鋭く告発する決定版自伝。

インパクト出版会

死刑囚からあなたへ　国には殺されたくない
日本死刑囚会議・麦の会編著　2427円＋税　ISBN 4-7554-0008-2
国家による殺人＝死刑を拒否し、生きて償いたいと主張する死刑囚たちのメッセージ。確定死刑囚の実態、死刑廃止小辞典。資料多数。執筆／大道寺将司、益永利明、木村修治、秋山芳光、石田富蔵、渡辺清、平田直人、金川一、浜田武重、荒木虎美、荒井政男、藤波芳夫、坂口弘、村松誠一郎、津田章良、秋好英明、飯田博久、北村俊介。麦の会は世界最初の死刑囚自身による組織。

死刑囚からあなたへ②
日本死刑囚会議・麦の会編著　2427円＋税　ISBN 4-7554-0019-8
「死刑囚からあなたへ」から三年、執筆の18名中11名が確定死刑囚となり、荒木虎美さんは獄死した。死刑囚自身が語る死刑の不条理。執筆／猪熊武夫、桑野藤一郎、田本竜也、宇治川正、大道寺将司、益永利明、木村修治、秋山芳光、石田富蔵、渡辺清、平田直人、金川一、浜田武重、佐藤誠、荒木虎美、赤堀政夫

本当の自分を生きたい　死刑囚・木村修治の手記
木村修治 著　2330円＋税　ISBN 4-7554-0045-7
誘拐・殺人という自らの犯した罪の大きさに打ちひしがれ、死んで償うことのみを考えていた著者は、獄中で「水平社宣言」と日本死刑囚会議・麦の会に出会う。そして自分の半生を振り返り、罪を見つめ続け、本当の自分を生きよう、生きて償いたいと思う。本書は彼の魂の再生の記録である。本書刊行後1年を経ず、95年12月に彼は名古屋拘置所で処刑された。

こんな僕でも生きてていいの
河村啓三 著　1900円＋税　ISBN 4-7554-0163-1
死刑廃止のための大道寺幸子基金第一回死刑囚表現展受賞作。大阪・西成区に生まれ、非行少年から夜の世界へ。消費者金融を経て、コスモリサーチ事件——誘拐、現金強奪、殺人、遺体処理へと、破滅へ向かってひた走った半生を冷徹に描写。確定死刑囚による新しい犯罪文学の登場。

生きる　大阪拘置所・死刑囚房から
河村啓三 著　1700円＋税　ISBN 978-4-7554-0194-7
春には花見でにぎわう淀川沿いにある大阪拘置所では、毎年何名もの死刑囚が国によって縊り殺されている。次々と処刑されていく死刑囚たちのことを記憶に刻み、この瞬間を精いっぱい生きる。死刑囚が語る生と死の哲学。死刑廃止のための大道寺幸子基金第4回死刑囚表現展奨励賞

獄中で見た麻原彰晃
麻原控訴審弁護人 編　1000円＋税　ISBN 4-7554-0162-3
本書は、元受刑者Aさんが見た獄中での麻原彰晃の実態をまとめたものである。獄中での様子が、これだけ具体的に、生活の細部にわたって伝わるのは初めてのことだ。麻原は詐病だ、といった批判が出ているが、Aさんの報告や、娘さんの接見記、精神科医師の意見書を読めば、どういう状態なのかがわかるだろう。彼にはすでに訴訟能力はない。

光市事件　弁護団は何を立証したのか
光市事件弁護団 編著　1300円＋税　ISBN 4-7554-0188-6
21人の弁護団が明かす事件の真実。少年による不幸にして偶発的な事件を、検察官は凶悪な強姦・殺人事件としてねつ造した。弁護団は、この少年に対する検察官、最高裁の不公正なやり方に憤り、一、二審、最高裁の如何ともしがたい怠慢に警鐘を鳴らした。いま問われているのは司法の頽廃である！付・被告人少年の謝罪の手紙